ÉTUDES

DE

DROIT CONSTITUTIONNEL

FRANCE — ANGLETERRE — ÉTATS-UNIS

PAR

E. BOUTMY

MEMBRE DE L'INSTITUT

DIRECTEUR DE L'ÉCOLE LIBRE DES SCIENCES POLITIQUES

PARIS

LIBRAIRIE PLON

E. PLON, NOURRIT ET Cie, IMPRIMEURS-ÉDITEURS

RUE GARANCIÈRE, 10

1885

ÉTUDES

DE

DROIT CONSTITUTIONNEL

PARIS. TYPOGRAPHIE E. PLON, NOURRIT ET CIE, RUE GARANCIÈRE, 8.

ÉTUDES

DE

DROIT CONSTITUTIONNEL

FRANCE — ANGLETERRE — ÉTATS-UNIS

PAR

E. BOUTMY

MEMBRE DE L'INSTITUT

DIRECTEUR DE L'ÉCOLE LIBRE DES SCIENCES POLITIQUES

PARIS

LIBRAIRIE PLON

E. PLON, NOURRIT ET Cie, IMPRIMEURS-EDITEURS

RUE GARANCIÈRE, 10

1885

PRÉFACE

Des trois études qui suivent, deux ont été publiées séparément, l'une en 1878, l'autre en 1884. Dans la première, j'ai essayé de faire un tableau critique et une classification aussi complète que possible des sources de la Constitution anglaise. J'espère n'y avoir rien omis d'essentiel. Je n'y examine point les institutions en elles-mêmes, et je ne tente pas de les décrire; cent pages ne sont pas la mesure d'un tel sujet. Je me contente de distinguer les différentes parties du pacte politique, d'en marquer le caractère spécial d'après leur origine, et de définir l'esprit général de la Constitution où elles se confondent.

Le second essai ouvre, à l'occasion d'une question de méthode, une suite d'échappées et pour ainsi dire de vues latérales sur la Constitution des États-Unis. Ces vues sont assez nombreuses, elles éclairent des surfaces assez considérables pour que le lecteur se forme une perspective à peu près complète de l'ensemble. Plusieurs des informations de détail consignées dans cet écrit sont nouvelles; peut-être inquiéteront-elles, si elles ne peuvent mieux faire, certains préjugés dans leur antique possession.

Les circonstances politiques sont cause qu'on a bien voulu attacher quelque prix aux renseignements positifs fournis par ce double travail; mais c'est, je crois, un service d'un autre ordre que les pages ci-après ont chance de rendre au public. Je m'y suis particulièrement appliqué à déterminer suivant quelles règles il faut conduire ses investigations à travers des régions du droit public dont la carte n'est pas faite ou est mal faite. J'ai insisté longuement sur les précautions à prendre contre les piéges que tendent à tout homme les longues habitudes de son propre esprit et les influences de son milieu national. J'ai montré surtout — c'est le piége auquel nous nous laissons le plus aisément prendre — que les mécanismes constitutionnels n'ont pas de valeur et d'efficacité propres, indépendamment des forces morales et sociales qui les soutiennent ou les mettent en mouvement; ce qui ne veut pas dire que l'excellence des mécanismes ne rend pas l'action de ces forces plus intense, plus durable et plus régulière.

La troisième étude est inédite. Elle m'a été suggérée par le rapprochement des deux morceaux qui la précèdent; elle en forme en quelque mesure la conclusion. J'ai essayé d'y reprendre et de faire ressortir par une comparaison plus serrée et plus suivie avec la France, les différences non-seulement de forme et de structure, mais d'essence et de genre qui existent entre la Constitution anglaise, la Constitution des États-Unis et les nôtres. Ces différences sont liées à la notion capitale de *Souveraineté*, laquelle n'est pas la même dans les trois pays.

E. Boutmy.

ÉTUDES
DE
DROIT CONSTITUTIONNEL

LES SOURCES ET L'ESPRIT
DE LA
CONSTITUTION ANGLAISE

De toutes les constitutions libres, la Constitution anglaise est incontestablement la première par la date, l'importance et l'originalité. Elle s'est montrée avec tous ses grands traits quatre cents ans avant les autres. Elle a servi plus ou moins de modèle à toutes celles qui existent aujourd'hui. Elle contient la clef, elle recèle le vrai sens de plus d'une disposition que ses imitateurs n'ont pas toujours comprise ou qu'ils ont sciemment détournée de son premier objet. Une étude générale du droit constitutionnel positif ne peut pas être abordée avec lumière, si l'on ne connaît pas à fond cet exemplaire capital. — Mais ici la route à parcourir ne ressemble pas aux voies ordinaires et particulièrement aux solides chaussées pratiquées au cordeau par les juristes français dans le domaine de notre droit. C'est plutôt, comme on dit quelquefois, un chemin qui marche, une rivière dont la surface mobile fuit sous les pieds; cette rivière décrit des courbes infinies; il y a des tournants où elle se dérobe; l'eau paraît quelquefois se perdre sous les herbes. Il faut, pour s'y aventurer, l'avoir reconnue de loin dans son entier, avoir distingué et noté la chaîne d'où elle sort, les affluents qui la grossissent, les vallées où elle s'étale, les coudes où elle s'ensable, les alluvions qu'elle dépose sur ses bords. La plus féconde de ses recherches préparatoires, celle qui doit venir la première, est l'analyse des sources de la Constitution.

I

En 1793, Hérault de Séchelles faisait demander à la Bibliothèque nationale un exemplaire des lois de Minos. On commettrait une erreur toute pareille si l'on s'avisait de chercher le *texte* de la Constitution anglaise. Il n'y a pas un *texte,* mais des *textes;* ces textes sont de toutes les époques et n'ont jamais été codifiés. Encore n'épuisent-ils pas à eux tous la matière constitutionnelle, dont la plus grande partie est restée non écrite. Sur toute question un peu importante, il est rare qu'on n'ait pas à se référer à plusieurs lois séparées les unes des autres par des siècles ou à des séries de précédents qui remontent très-haut dans l'histoire. La composition de la Chambre des lords, par exemple, résulte de différents statuts de 1707, de 1801, de 1829, de 1847, de 1869, de 1876, d'une décision des juges de 1782 [1] et de nombreux usages. La durée des parlements est réglée par deux actes, l'un du temps de Georges Ier, l'autre de 1867; sans compter la coutume au nom de laquelle on retranche à peu près un an de la durée légale. Des publicistes, des

1 C'est au nom de cette décision de 1782 que les pairs écossais nommés pairs de la Grande-Bretagne ou du Royaume-Uni purent être admis à siéger à la Chambre haute. Jusque-là ils étaient exclus.

jurisconsultes ont pris la peine de rechercher et de collationner ces textes, d'écrire cette jurisprudence; le législateur leur en a laissé le soin; il n'a jamais voulu sanctionner de son autorité un recueil méthodique des dispositions constitutionnelles.

Nous voilà bien loin de l'idée que les Français se font d'une constitution. Depuis quatre-vingts ans, notre histoire nous offre invariablement sous ce nom un instrument unique, conçu en une seule fois et d'un seul jet, promulgué à un jour donné et embrassant, dans une suite de titres qui s'enchaînent, toutes les attributions du pouvoir et toutes les garanties de la liberté. Nos constitutions révolutionnaires, notamment, sources et modèles de toutes les autres, se présentent axiomes en tête, comme des démonstrations savantes, comme des classifications étudiées; ce sont toutes des œuvres d'art et de raison.

Nous sommes habitués à ne considérer que les avantages de cette manière, qui en a d'évidents. Les Anglais en ont senti surtout les inconvénients et les périls. Ils ont probablement vu deux choses : la première, c'est de publier et mettre dans toutes les mains une œuvre claire, méthodique, raisonnée, c'est ouvrir un concours perpétuel à qui saura mieux faire, c'est se rendre justiciable de la logique, c'est-à-dire d'un tribunal devant lequel le droit d'appel est indéfini. La seconde, c'est que toute construction systématique équivaut à une promesse d'être complet, parfait, de pourvoir et de parer à tout, c'est-à-dire de faire l'impossible, de sorte qu'il n'y a d'égal à l'entrain qu'il faut pour écrire une constitution dans ce genre et à l'enthousiasme qu'elle excite d'abord, que les cruels mécomptes qui surviennent dès qu'elle est mise en vigueur. Ils ont donc laissé les morceaux de leur constitution à l'endroit où le flot de l'histoire les avait déposés; ils ont évité de les rapprocher, de les classer, de les compléter, d'en faire un tout consistant et saisissable.

Cette constitution éparse offrait moins de prise aux éplucheurs de textes, aux chercheurs de difficultés ; elle avait moins à redouter des critiques empressés à signaler une omission, des théoriciens empressés à dénoncer une antinomie. Les nécessités de la politique sont si complexes, tant d'intérêts différents s'y mêlent, tant de forces opposées s'y balancent qu'il n'y a pas moyen d'accueillir et de placer comme il convient tous ces éléments essentiels d'une construction stable, si l'on travaille sous les yeux d'un public qui a le goût des matériaux homogènes et d'un plan régulier. La ressource est de faire en sorte que la perspective d'ensemble échappe au spectateur vulgaire. A ce prix seulement peuvent être préservées ces incohérences heureuses, ces disparates utiles, ces contradictions tutélaires qui ont une raison décisive de se retrouver dans les institutions, c'est qu'elles se trouvent déjà dans les choses elles-mêmes, et qu'en assurant le jeu de toutes les forces que contient la société, elles n'en laissent aucune dans le cas de s'exercer en dehors d'une direction prévue et d'ébranler peut-être les fondements ou les parois de toute la fabrique. C'est le résultat que les Anglais se flattent d'avoir obtenu par la prodigieuse dispersion de leurs textes constitutionnels, et ils se sont toujours gardés de le compromettre en les codifiant.

II

Il y a quatre sources principales du droit constitutionnel anglais : les *traités* et les *quasi-traités*, les précédents et usages que l'on désigne ordinairement sous le nom de *Common law*, les *pactes*, les *statuts* ou lois. La première et les deux dernières catégories forment la partie écrite de la constitution, la deuxième représente la partie non écrite. Elles ne se distinguent pas toujours par la forme. La différence est surtout dans leurs caractères profonds, dans les objets qu'elles règlent, dans l'esprit qui les a dictées.

Les traités sont au nombre de deux : l'acte d'union avec l'Écosse (1707) et l'acte d'union avec l'Irlande (1800). Le propre des traités, au sens général du mot, c'est qu'ils mettent en présence deux nations et deux souverainetés. Ce qui caractérise plus particulièrement les deux actes d'union, c'est que les souverainetés n'y apparaissent que pour s'absorber et se fondre en une seule; ils n'appartiennent qu'un moment au droit international et prennent ensuite rang dans le droit constitutionnel. Les textes de 1707 sont deux lois votées l'une par le parlement écossais, l'autre par le parlement anglais, et sanctionnées séparément par Anne, reine d'Écosse[1], et par Anne, reine d'Angleterre. Ces lois ne sont que les ratifications d'un même instrument

[1] La sanction en Écosse ne résultait point, comme en Angleterre, de la phrase française : « La Reine le veut », prononcée après la lecture du titre du bill, mais d'un geste du représentant de la couronne touchant du sceptre le parchemin où le bill avait été transcrit.

élaboré par une commission où figuraient les représentants dûment autorisés des deux royaumes. A cette époque l'Écosse, par son gouvernement, sa législation, son système d'impôts, son commerce, rival de celui des Anglais, la constitution de son Église officielle en opposition directe avec l'Église anglicane, était aussi ou plus nettement séparée de l'Angleterre que ne le fut plus tard le Hanovre. Les deux pays ne tenaient l'un à l'autre que par l'Union personnelle et dynastique qui à ce moment même menaçait de prendre fin, l'Écosse n'ayant point voté comme l'Angleterre l'acte d'établissement qui appelait éventuellement au trône la branche hanovrienne, au cas où la reine Anne mourrait sans postérité, et s'étant même réservé par un acte exprès le droit de régler autrement que l'Angleterre la réversion de la couronne[1].

[1] *Act of security*, rejeté en 1703, passé en 1704.

C'est cette séparation des deux peuples, voisine jusqu'à la dernière heure de l'hostilité, qu'une habile politique fit tomber en 1707.

Les actes de 1800 sont les deux lois désignées par les chiffres 39 et 40 Geo. III, c. 67, et 40 Geo. III, c. 38. Ils ne passèrent pas sans difficulté. L'Irlande, longtemps traitée en pays conquis, venait précisément d'arracher au parlement anglais, à la faveur de la guerre d'Amérique, une autonomie presque complète. En 1782, il avait été décidé qu'elle ne serait soumise qu'à ses propres lois et à ses propres cours de justice, et que le parlement irlandais aurait le libre usage de son initiative, jusque-là subordonnée à l'approbation du conseil du Roi. Ces concessions auraient pu devenir la source des plus graves embarras pour le gouvernement de Westminster. On en eut le sentiment lorsque, pendant la courte folie de Georges III, il fut question d'établir une régence. Rien n'empêchait expressément le parlement irlandais de faire un autre choix que le parlement anglais. Il y aurait eu, dans ce cas, deux régents, l'un à Dublin, l'autre à Londres. De deux régents à deux rois, la pente était rapide. L'union des deux couronnes, la seule union qui subsistât, était menacée, et le voisinage de la Révolution française augmentait le péril. Il y eut en 1793 une rébellion formidable; Pitt se hâta; dans l'espace de quelques mois, il acheta avec de l'argent ou des honneurs la majorité des chambres irlandaises, et, en 1800 [1], le parlement de Dublin renonça solennellement à l'indépendance nationale.

[1] L'union avec l'Irlande, votée au parlement anglais le 2 juillet 1800, entra en vigueur le 1er janvier 1801. L'union avec l'Écosse était entrée en vigueur le 1er mai 1707.

L'objet et les conséquences des deux actes d'union sont indiqués par leur titre même. Le premier a fait de l'Écosse et de l'Angleterre un seul État sous le nom de Grande-Bretagne. Le second a annexé l'Irlande à la Grande-Bretagne et constitué le Royaume-Uni. La forme pratique sous laquelle cette double consolidation se présente est : 1° l'adoption par les deux royaumes annexés d'une même dynastie, fixée à perpétuité dans la ligne protestante de la maison de Hanovre; 2° l'introduction d'un certain nombre de membres écossais et irlandais dans les deux chambres du parlement anglais.

Le parlement ainsi complété légifère valablement pour tout le Royaume-Uni. Mais les lois particulières d'Écosse et d'Irlande qui ont précédé l'union restent en vigueur tant qu'elles n'ont pas été abrogées. Il y en a un nombre considérable, et leurs différences sont souvent telles que sur un grand nombre de sujets, le parlement trouve avantage à faire un acte spécial pour chaque royaume[1]. Voilà comment on rencontre maintes fois, au commencement ou à la fin d'un statut, la mention : « Ne s'applique pas à l'Écosse ou à l'Irlande. » Pour d'autres parties du territoire, par exemple pour l'île de Man et les îles normandes, cette exception n'est même pas nécessaire. Ces îles ne sont soumises qu'aux lois qui les ont visées expressément.

Des autres prescriptions des deux actes d'union, la plus importante concerne l'Église.

L'Église épiscopale est restée en Angleterre une Église *établie*, ce qui signifie que c'est elle qui est en possession des cures

[1] Il y a de même plusieurs statuts qui ne s'appliquent qu'au pays de Galles.

paroissiales, des bénéfices, des dîmes, des cimetières; que son dogme, sa constitution, ses libertés, sa juridiction et son rituel sont réglés et sanctionnés par la loi; que la Reine prête serment de la maintenir, et que le gouvernement intervient dans son administration, notamment par la nomination des hauts dignitaires et de certains titulaires de bénéfices. Au contraire, en Écosse, c'est l'Église presbytérienne qui a été reconnue comme Église officielle par l'acte de 1707; c'est elle que la loi consacre et qu'elle a mise en possession des édifices et des revenus ecclésiastiques. Il y a bien en Écosse une église épiscopale; mais c'est une Église libre[1], de

[1] La reine Anne, dans une lettre écrite en 1703 au parlement écossais, sollicitait un peu de tolérance pour les partisans de l'Église épiscopale; elle les désignait par le nom de « dissenters », c'est-à-dire, par le même nom qu'elle eût employé auprès du parlement anglais pour désigner les presbytériens.

même que l'Église presbytérienne est une Église libre en Angleterre. La Grande-Bretagne a donc deux Églises d'État, et la couronne, soutien légal de la hiérarchie sacerdotale en deçà de la Tweed, est, au delà, le soutien légal du système opposé. Par contre, l'Irlande n'a plus du tout d'Église officielle. L'Église épiscopale protestante d'Irlande, qui ne faisait qu'un naguère avec l'Église d'Angleterre, a été en 1869 *disestablished*, c'est-à-dire séparée de l'État et dépossédée de ses biens, sous certaines réserves qui sauvegardent l'intérêt des titulaires actuels. Elle est devenue une Église libre.

On voit déjà s'annoncer ici cette extrême diversité qui est le caractère général du droit public anglais. L'esprit français a le goût naturel de la simplicité et de l'uniformité. Il imprime cette double marque à ses œuvres et s'attend naïvement à la retrouver dans toute œuvre humaine. Ce penchant est le premier dont il faut se défaire, si l'on veut se bien orienter et diriger à travers la constitution d'Angleterre. Celle-ci ne connaît rien de pareil. Il semble qu'on y ait fui, comme des extrémités dangereuses, l'unité, les règles d'une application étendue, l'assimilation et la fusion des différentes parties entre elles. On s'est gardé soigneusement de ces généralisations et de ces simplifications vers lesquelles notre droit public n'a pas cessé de tendre avec conviction, avec ardeur et à la fin avec emportement.

On peut à la rigueur ranger sous la rubrique des traités un troisième acte, celui qui a été passé en 1858 sur le gouvernement de l'Inde. Il y a là, en effet, non pas une souveraineté au sens propre du mot, mais une quasi-souveraineté qui s'est éteinte et dont la nation a recueilli l'héritage. Par l'acte de 1858, la Compagnie des Indes, en faveur de laquelle la couronne avait aliéné une partie de ses droits régaliens, et qui, par l'étendue de ses ressources, sa puissance militaire et financière, l'autorité presque sans contrôle qu'elle exerçait sur ses conquêtes, constituait une sorte d'État distinct dans l'État, a fait l'abandon de son autonomie. Moyennant un compromis qui a attribué aux directeurs de la Compagnie la nomination de sept membres sur quinze dans le conseil suprême, la couronne a repris possession de cet immense empire qu'elle gouverne désormais par le ministère d'un secrétaire d'État spécial.

Vis-à-vis de ses autres colonies, l'Angleterre a suivi la politique inverse. Aux plus puissantes et aux plus policées, au Canada, au cap de Bonne-Espérance et aux provinces australiennes, elle a accordé d'abord une constitution représentative et parlementaire, avec un ministère responsable, puis le droit de modifier elles-mêmes cette constitution sous l'approbation de la couronne. Ces actes peuvent être rapprochés des traités d'union, précisément parce qu'ils en sont le contre-pied. Ceux-ci ont absorbé et éteint d'anciennes nationalités ; les autres tendent à en créer et à en détacher de nouvelles. Ils ont constitué une pléiade d'États quasi indépendants qui ne tiennent plus au Royaume-Uni que par trois points : la nomination par la couronne de leur gouverneur, dépositaire nominal du pouvoir exécutif; la représentation diplomatique dont l'Angleterre se charge pour eux, et une cour supérieure d'appel qu'elle entretient pour leur usage. Le parlement de Westminster garde en puissance le droit de légiférer souverainement pour toutes les parties de l'empire britannique; mais, en fait, il ne s'ingère plus dans le gouvernement intérieur et dans la législation particulière des grandes colonies. Le secrétaire d'État colonial semble avoir renoncé, à leur égard, à l'exercice de son droit de *veto*. Aucun signe ne révèle plus clairement la plénitude d'autonomie dont elles jouissent pratiquement que le maintien persévérant de tarifs protectionnistes par l'Australie et le Canada, à l'encontre des intérêts de la mère patrie. L'Angleterre retire peu à peu de ses territoires d'outre-mer les troupes qu'elle leur prêtait pour leur défense [1]; elle les abandonne à eux-mêmes. Et d'autre part il est clair qu'elle ne peut attendre que de leur bonne volonté une assistance efficace dans le cas d'une guerre où elle serait seule menacée, ou même d'une entreprise

[1] Elle les a retirées en 1870 de New South Wales.

faite dans l'intérêt commun [1]. La couronne n'a même pas conservé ce que le gouvernement des États-Unis, simple autorité fédérale, possède à l'égard des territoires et des États nouveaux admis dans l'union, la propriété des terres libres. A plus forte raison n'a-t-elle pas, comme en Angleterre, le domaine éminent du sol. Les colonies peuvent donc être considérées aujourd'hui, ou du moins dans un avenir rapproché, non plus même comme des provinces en possession du *self-government*, mais comme des *États* à peu près souverains,

[1] Il n'y a pas longtemps, à propos de l'occupation des îles Fidji, lord Carnavon demanda aux colonies australiennes, très-intéressées à cette prise de possession, de contribuer pour une somme insignifiante aux frais du gouvernement des îles. L'Angleterre aurait gardé pour elle la plus grosse part. Les colonies refusèrent. On sait d'autre part que les réclamations des États-Unis, après la guerre de sécession, étaient fondées en partie sur ce fait que les autorités de Melbourne avaient permis au *Shenandoah* de se radouber dans leur port. Les arbitres adoptèrent cette manière de voir, mais ce fut l'Angleterre, et non pas la colonie, qui paya en conséquence.

que la race, la langue et de communs souvenirs rattachent seuls à la mère patrie. — La proposition de les englober dans une vaste fédération, qui serait gouvernée par le parlement de Westminster grossi de leurs délégués, n'a aucune chance de réussir [1] ; ce n'est que l'effort de quelques publicistes isolés pour arrêter l'irrésistible *mouvement séparatiste* auquel le gouvernement anglais a lui-même donné l'impulsion.

III

Les *traités* et les *quasi-traités* ne sont qu'une annexe et en quelque sorte une

[1] Voir à ce sujet l'intéressant volume de SEELEY, *The expansion of England*, London, 1883.

partie extérieure de la constitution. Le droit coutumier, les *pactes* et les *statuts* forment le corps du droit constitutionnel. Le droit coutumier, *lex non scripta*, est cet ensemble de précédents et d'usages que l'on désigne sous le nom de *common law*. Il ne faudrait pas prendre à la lettre cette expression de droit non écrit. En fait, les précédents et usages sont consignés dans un grand nombre de documents, jugements sur espèces, comptes rendus authentiques, opinions de jurisconsultes, etc., qui les mentionnent comme établis et en vigueur, mais sans les rapporter à un texte de loi exprès, impératif et de date certaine qui en aurait été la source première. En l'absence d'un pareil texte, ils sont fondés uniquement sur une pratique plus ou moins longue, sur une tolérance ou un acquiescement plus ou moins anciens des pouvoirs et de l'opinion.

La partie coutumière du droit constitutionnel anglais est remarquable par le nombre et plus encore par la nature des objets qu'on lui a laissé le soin de régler. Ces objets sont si variés et si importants que le droit constitutionnel écrit peut être en son entier considéré comme un *droit d'exception* ou comme une *législation complémentaire*. Les *pactes* contiennent principalement des limitations et restrictions de la puissance royale. Les *statuts* ont un champ plus vaste; ils complètent les garanties judiciaires grossièrement ébauchées par les pactes; ils embrassent la liberté religieuse et les grandes libertés politiques (presse, association, réunion), que les pactes ne touchent point, et toute la matière du droit électoral. Tout le reste, et notamment l'organisation, les attributions, les rapports réciproques et le jeu des grands pouvoirs publics (royauté, cabinet, Chambre haute, Chambre des communes), demeure en dehors du droit écrit. Toutes ces questions si considérables, qui sont le centre et l'âme du droit constitutionnel, et sur lesquelles portent en France l'effort, le débat, la passion publique, sont réglées en Angleterre par de simples usages.

Qu'on interroge les textes constitutionnels : par exemple, sur les attributions du *cabinet*, ce pivot du régime parlementaire, ce centre indispensable de l'action politique. Non-seulement la chose, mais le nom, au témoignage de Blackstone, de Hallam, de Macaulay, sont inconnus au droit écrit. Sur la convocation annuelle des parlements? Elle n'est spécifiée nulle part. Sur la division du parlement en deux chambres? Elle a commencé d'elle-même avant 1350 et s'est perpétuée depuis ce temps, sans être imposée par aucune loi.

Sur le droit de priorité de la Chambre des communes en matière d'impôt? Ce droit, qui est stipulé expressément dans la constitution des États-Unis, dans la nôtre, n'est fondé en Angleterre que sur le long usage. Sur les autres attributions et les priviléges de la Chambre haute et de la Chambre basse? Terrains incessamment disputés, pris et repris, et où la frontière n'a jamais été fixée légalement. Sur la prérogative royale en matière d'organisation militaire? Aucun texte ne la définit. Sur tous ces objets et leurs pareils, c'est-à-dire d'une manière générale sur tout ce qui concerne l'action des grands pouvoirs publics, le droit écrit reste muet. S'il s'élève un conflit, la solution en devra être cherchée, non dans le *Statute book*, mais dans les archives parlementaires ou judiciaires; elle devra être prononcée, non d'après un texte général, mais d'après des cas particuliers analogues, et cette jurisprudence sera trouvée plus d'une fois hésitante, confuse ou contradictoire. C'est la partie la plus importante de l'organisation politique qui est ainsi tenue en dehors de la loi écrite et confiée à la garde de la seule coutume.

Un des exemples les plus curieux de la façon dont cette coutume s'établit dans l'un des vides de la loi et en prend l'autorité, est ce qui s'est passé pour les droits et priviléges financiers et électoraux du clergé. De temps immémorial, le parlement ne taxait pas les gens d'Église; le clergé s'imposait lui-même dans son parlement particulier qu'on appelait la *Convocation*. Les communes et les lords se contentaient de ratifier. En 1664, un accord se fait derrière le rideau entre le premier ministre d'alors, lord Clarendon, et l'archevêque de Cantorbéry, primat d'Angleterre; on convient que le clergé ne se taxera plus lui-même, que le parlement le taxera indistinctement avec les laïques. Et en effet, en 1665, la loi financière décharge le clergé du subside accordé par la dernière convocation ecclésiastique, et ordonne que les gens d'Église acquitteront comme les autres l'impôt général. La loi réservait d'ailleurs expressément au clergé en *convocation* le droit de faire cesser cette pratique et de recommencer à s'imposer lui-même quand il le jugerait à propos. Depuis 1664, le clergé n'a pas une seule fois usé de cette faculté; il a continué à prendre simplement sa part des taxes communes, consenties par le parlement de Westminster. Mais le droit n'est aboli par aucune loi positive. Ainsi, encore aujourd'hui, le pouvoir parlementaire d'imposer toute une classe de la nation repose, non sur un texte exprès, mais sur le consentement tacite et la longue abstention de cette classe, qui n'en reste pas moins libre — et que rien n'empêcherait légalement — de faire revivre son privilége particulier[1].

Bien mieux, de cette modification toute gracieuse et que la loi écrite n'a pas consacrée, en est issue une autre du même genre qui a eu pour effet d'altérer gravement la composition du corps électoral. Quand le clergé votait lui-même ses taxes, il était naturel qu'il n'intervînt pas dans la nomination des membres de la Chambre des communes. Une fois soumis à l'impôt général, au contraire, il était juste qu'il fût représenté dans la chambre qui fixait cet impôt, et que les clercs, qui depuis longtemps n'étaient plus en fait éli-

[1] « Gibson, évêque de Londres, m'a dit, écrivait le speaker Onslow, que cette mesure (la taxation du clergé en dehors de la *Convocation*) était la plus grande altération qui ait été jamais faite de la constitution sans une loi expresse. » (Cf. ONSLOW, *Note sur Burnet.* Oxf., 4e éd., 508.)

gibles[1], fussent du moins électeurs. En effet, on les voit paraître quelques années plus tard dans les élections et participer au vote. On cherche la loi qui leur a rouvert l'accès du corps électoral? Il n'y en a pas. La chose s'est faite tacitement sans qu'on ait jugé nécessaire de la consacrer par un texte. La première fois qu'on en trouve la trace, c'est dans un statut de la reine Anne, en 1712 (10, Anne, c. 23), dont les termes sont indirects et supposent simplement une coutume déjà établie. — Ainsi le droit du clergé de voter dans les élections, contraire à une pratique de plusieurs siècles, contestable au nom d'une longue suite de précédents, est fondé sur une simple prescription par le temps, qui repose elle-même sur une désuétude en matière de taxation. Il y a là de quoi faire frémir tout

[1] Leur inéligibilité est devenue expresse par l'acte 41, Geo. III, ch. 63.

ce qu'il y a en nous de cet esprit passionnément précis, exact, explicite, qui est comme l'instinct législatif de la France.

A quelle fin les Anglais ont-ils maintenu les attributions et le jeu des grands pouvoirs dans cet état d'indétermination et de fluidité? Leur dessein est évident. Ils ont voulu que leur constitution pût se prêter sans bruit à des dépossessions considérables, à de gros déplacements d'influence, à des résurrections inattendues. Il y a telle modification qui, en France, aurait exigé qu'on portât la main sur le texte constitutionnel, qu'on discutât longuement et avec éclat, qu'on soulevât une grande émotion publique, — et qui, en Angleterre, n'a pas coûté le souffle d'une parole ou une seule goutte d'encre. Le veto royal, par exemple, dont Guillaume III avait fait un si grand abus, et qui en

France, cent ans plus tard, devait causer tant d'orages, a disparu en fait depuis 1707. La présence du Roi aux délibérations des conseils des ministres est également sans exemple depuis Georges Ier. Des Français n'auraient pas manqué d'écrire ces deux mémorables conquêtes dans les lois ; les Anglais les ont confiées à la force des choses, aux mœurs, à l'opinion. Quand on examine de près les grands pouvoirs, on s'aperçoit que chacun d'eux marche ainsi entouré d'une foule d'anciens priviléges dont il n'use pas, qui sont annulés par les priviléges et les droits actifs des pouvoirs voisins, mais que l'on a refusé d'abroger expressément, afin qu'à l'occasion, sur un signe de l'opinion, sur un appel de l'intérêt public, ils puissent revivre, prendre en main et résoudre une question difficile, et servir d'organe à la raison d'État, sans que toute l'économie constitutionnelle en soit troublée. C'est ainsi qu'en 1714, le conseil privé, inerte et oublié depuis Charles II, reparut tout à coup sur la scène, déconcerta fort à propos les ministres déjà gagnés aux Stuarts, et assura la transmission de la succession royale dans la ligne protestante. Burke a très-bien défini, à propos de la Convocation ecclésiastique, cet état d'hibernation de certains organes de la constitution anglaise, avec possibilité indéfinie de se ranimer. « On ne convoque plus cette assemblée que pour la forme, dit-il. Elle entre en séance pour adresser au souverain quelques compliments de politesse cléricale; cela fait, on n'entend plus parler d'elle; cependant elle est encore un *élément de la constitution* qui peut toujours être rappelé à la vie et à l'action, si l'occasion s'en présente [1]. »

[1] Burke, *Lettre aux shérifs de Bristol.*

On parle volontiers de la stabilité de la constitution anglaise. La vérité est que cette constitution est toujours en mouvement et en oscillation, et qu'elle se prête merveilleusement au jeu de ses différentes parties. Sa solidité vient de sa souplesse; elle plie et ne rompt pas. Elle se maintient, non par la vigueur de ses affirmations, mais par le vague étudié de ses réticences.

Toutefois ces réticences et l'état d'indétermination qu'elles perpétuent ne sont-ils pas une source ouverte de graves périls? Qu'avez-vous ménagé, pourrait-on dire aux Anglais, pour empêcher tel privilége, qui date du moyen âge, de se ranimer tout d'un coup à la faveur d'une circonstance critique et de faire échec au droit moderne? Que diriez-vous si, quelque jour, la nation étant lasse d'un parlement bavard et inactif, un roi énergique s'avisait de congédier son cabinet et de gouverner sous le contrôle illusoire des seuls conseillers que la loi commune autorise, j'entends les deux cents et quelques membres du conseil privé, tous à la nomination royale? Que diriez-vous s'il s'avisait de créer comme autrefois de nouveaux bourgs électoraux par simple charte royale, ou de dénaturer la chambre héréditaire en ne nommant plus que des pairs à vie, au nom de son antique prérogative? Aucun texte n'a privé la couronne de ces droits et priviléges. On ne peut invoquer contre eux qu'une longue interruption d'usage. — N'a-t-on pas vu en 1860 la Chambre des lords étendre brusquement la main sur le privilége d'amender les lois d'impôt, ombrageusement gardé par les communes depuis des siècles? Dans l'espèce, le dernier mot resta à la Chambre haute; la Chambre des communes ne put que réserver le principe et l'avenir. N'a-t-on pas vu, en 1872, la prérogative royale intervenir dans la question de l'achat des grades, dessaisir la Chambre des lords hésitante, et imposer hautainement sa propre décision? Plus menaçante encore serait une résurrection de ces terribles priviléges de la Chambre des communes, qui, il y a un siècle, mettaient en péril la liberté et la vie des concitoyens, servaient d'instrument à toutes les haines de parti et annulaient l'action tutélaire des cours de justice. Tous sont encore intacts et prêts à la main pour le jour où une majorité passionnée aura la fantaisie d'écraser ses adversaires.

Il n'y a rien à répondre à cela, sinon qu'en Angleterre toute l'organisation politique repose sur un parti pris d'optimisme et de confiance. Les Anglais sentent la vigueur de leur esprit public; ils ont éprouvé la vigilance d'une presse libre, la puissance des associations et des meetings. Ils se flattent que leurs mœurs politiques les dispensent de chercher des garanties dans un texte. Sans doute ils ont parfaitement conscience d'avoir laissé à tous les pouvoirs des titres qui s'excluent, des prétentions rivales et des armes pour les défendre, des armes aussi pour opprimer les individus. Mais ils sont convaincus que, sous l'empire de l'opinion et de la tradition, les uns et les autres ne s'en serviront qu'avec mesure et pour le bien du pays, qu'ils transigeront entre eux, qu'ils s'arrêteront au seuil de l'arbitraire, et qu'un équilibre vivant et souple, bien supérieur au strict partage d'attributions qui résulte d'un texte, s'établira au sein de la constitution. Jusqu'ici l'événement a justifié leurs espérances.

IV

Les *pactes* sont au nombre de trois : la grande Charte (1215), le bill des Droits (1688) et l'acte d'Établissement (1701). Ces trois textes sont les titres de la liberté politique chez nos voisins d'outre-Manche. Ils sont véritablement la base du droit constitutionnel écrit des Anglais.

Les *pactes* sont, comme les *statuts*, l'œuvre commune des trois branches du parlement, c'est-à-dire du Roi et des deux Chambres. Mais ce qui leur est propre et ce qui les distingue des *statuts* proprement dits, c'est que le Roi n'y intervient pas comme partie *intégrante* d'un même pouvoir législatif avec les lords et les communes, mais comme une véritable partie *contractante* vis-à-vis de laquelle la nation apparaît avec une personnalité distincte et indépendante. L'action concertée des trois facteurs constitutionnels, sous la forme régulière et ordinaire, ne se rencontre pas ici. On assiste à un rapprochement entre deux puissances qui ont commencé par s'observer et se défier l'une de l'autre, qui parfois sont entrées en lutte et qui finissent par traiter en stipulant de mutuelles garanties. Cette distinction va s'éclaircir par une rapide revue des circonstances au milieu desquelles se sont produits les trois grands actes dont il vient d'être question.

Le premier est la *grande Charte*. Depuis plusieurs années, le roi Jean commettait des exactions et des violences; ses barons lui résistaient. En 1215 ils se coalisent et lèvent des troupes. Réunis à Vallingford.

ils se déclarent déliés du serment d'allégeance prêté à leur souverain. Jean, abandonné de tous, sauf de sept fidèles, consent à négocier. Il signe l'instrument qui a été appelé la grande Charte. Le caractère de cet acte est aisé à définir. Ce n'est pas précisément un traité, puisqu'il n'y a pas ici deux souverainetés légitimes ni deux nations en présence; ce n'est pas non plus une loi; elle serait entachée d'irrégularité et de violence; c'est un compromis ou un pacte. Les barons n'y apparaissent pas comme *sujets;* ils se sont affranchis de leur promesse de fidélité. Ils y apparaissent comme *belligérants*. Le Roi est devant eux comme un vaincu, presque comme un étranger; il subit les conditions que lui imposent les vainqueurs. L'analogie que je signale est si profonde que le texte contient des sanctions pénales analogues à celles qu'on pourrait trouver dans un traité avec une nation ennemie. Les barons stipulent que si le Roi manque à sa parole, ils se réservent de saisir et de retenir ses châteaux, et de le molester par tous les moyens dont ils disposent. Tout le long de la grande Charte, on sent ainsi deux pouvoirs armés qui se regardent et qui se tiennent prêts à employer la force. Évidemment, il serait peu correct de ranger un tel acte à côté des lois et des statuts ordinaires; s'il ressemble à quelque chose, c'est à notre traité d'Amboise, à notre paix de Saint-Germain, à toutes les conventions qui, à l'époque des guerres de religion, donnaient des garanties aux protestants français, mettaient entre leurs mains des villes de sûreté et les constituaient presque à l'état de nation dans la nation.

Ce n'est pas ici le lieu d'analyser la grande Charte. Elle n'a plus pour nous qu'un intérêt historique. Ses principaux articles, en dehors de ceux qui se rapportent à l'organisation féodale, ont pour objet de revendiquer la liberté individuelle et de poser des règles tutélaires pour l'accusation et le jugement des citoyens. Ce sont là, en effet, les premières nécessités qui se révèlent à une société encore barbare. La grande Charte établit en outre qu'aucune aide ou *escuage* ne sera levé sans l'avis du commun conseil du royaume. Le texte est plus précis qu'on ne s'y attendrait sur les garanties d'exécution. Il règle avec soin la convocation du commun conseil, les conditions nécessaires pour la validité de ses délibérations. Il établit une commission permanente de vingt-cinq barons, qui se complète elle-même en cas de vacance et qui surveille l'administration du royaume. On sait d'ailleurs que ces dernières clauses, qualifiées « *gravia et dubitalia* », ne furent pas reproduites dans la confirmation donnée l'année d'après par Henri III. Par l'abondance, la netteté et le caractère pratique de ses dispositions, la grande Charte ressemble bien plus à une constitution que les deux textes que l'on va rencontrer un peu plus loin. Mais son importance tient moins à la valeur des clauses qu'elle renferme qu'à ce fait qu'elle a fourni un centre d'action au sentiment national, jusque-là épars et languissant, qu'elle a jeté un nom et une date à l'imagination populaire, et qu'elle est devenue le symbole de cette lutte épique dans laquelle une noblesse féodale, puissamment groupée en un corps d'aristocratie, a fait voir en plein moyen âge une société politique consciente, défendant les libertés de tous par l'organe de ses chefs naturels. Les dispositions expresses de la grande Charte sont aujourd'hui surannées; mais son esprit est toujours vivant. C'est lui qui pénètre encore et anime l'Angleterre contemporaine.

Le deuxième pacte est le *bill des Droits*. En 1688, Jacques II était soupçonné de vouloir restaurer le papisme en Angleterre. Il s'était rendu odieux aux Anglais par des mesures arbitraires. Une partie de l'aristocratie appelle Guillaume, prince d'Orange; Jacques II s'enfuit. Les deux Chambres, convoquées par Guillaume à la requête d'une assemblée de notables, font taire leurs scrupules et prononcent que le trône est vacant. Qui appelleront-elles pour l'occuper? Le prince de Galles? C'est lui que désigne en effet la loi du royaume. Cette loi est mise de côté. A défaut du prince de Galles, c'est Marie, sa sœur aînée, princesse d'Orange; à défaut de Marie, c'est Anne, sa seconde sœur, qui sont les héritières légitimes. La Chambre des lords, après quelque hésitation, bouleverse cet ordre. Elle propose de conférer la dignité royale conjointement à Guillaume et à Marie, et les pouvoirs effectifs du gouvernement à Guillaume seul. La mort même de Marie ne donnera pas ouverture aux droits de la princesse Anne ; ces droits seront suspendus, et Guillaume continuera à occuper le trône. C'est un remaniement complet de la loi de succession. La Chambre des communes accepte sans difficulté le principe et la formule. Mais elle refuse de les voter purement et simplement. Elle rédige un texte où elle énonce et revendique toutes les libertés et tous les droits violés par Jacques II, et elle prend la précaution d'incorporer ce texte, à titre de préambule et d'argument, dans la déclaration qui appelle au trône Guillaume et Marie. Le tout est récité solennellement devant le prince et la princesse dans la grande salle de Whitehall. Ni l'un ni l'autre n'avaient à se prononcer séparément sur la déclaration des droits et libertés. Après la lecture, une seule question fut posée expressément par Halifax aux deux augustes personnages : Acceptaient-ils la couronne et l'ordre dynastique nouveau? S'ils avaient objection à la déclaration des droits, ils n'avaient qu'un moyen de le témoigner, c'était de décliner l'offre d'Halifax. Dans ce cas, ce n'était pas la déclaration qui tombait, c'était la dignité royale qui s'écartait d'eux; la nation reprenait sa liberté et ses dons, et restait maîtresse de les porter ailleurs. S'ils acceptaient, ils ratifiaient évidemment le préambule et les considérants, et s'obligeaient d'une manière implicite à respecter tous les droits énoncés dans cet instrument.

Rien assurément n'est plus éloigné qu'un tel acte et qu'une telle procédure de l'idée que nous nous faisons d'une loi. La loi est un règlement impératif sur une matière spéciale; la déclaration des droits était un véritable cahier de protestations et de griefs. La loi est faite en commun par le parlement et par la couronne. Ici il n'y a ni couronne ni même parlement. Le Roi n'existe pas encore; sa prérogative attend, pour naître, l'acte même qu'elle devrait sanctionner et compléter. Les deux Chambres sont intitulées *Convention*, et il ne faudra pas moins qu'un statut général pour leur conférer le nom et les droits d'un parlement. A la place des trois facteurs constitutionnels qui doivent concourir librement et souverainement à tout acte législatif régulier, je ne vois ici que le pays qui signifie ses volontés et fait ses conditions à un prétendant. On ne saurait mieux comparer la déclaration des droits qu'à un mandat impératif que les délégués de la nation développent devant un candidat au trône. C'est en substance le *sinon, non,* des cortès aragonaises [1].

La déclaration des droits comprend treize articles. Presque tous contiennent des limitations de la prérogative royale. On refuse au Roi le droit de suspendre les lois, de dispenser de leur exécution, d'instituer des tribunaux d'exception, d'infliger des amendes excessives, de restreindre le droit de pétition des sujets ou la liberté de la parole dans le parlement, d'intervenir dans les élections parlementaires. On renouvelle l'interdiction de lever des impôts sans le concours des deux Chambres, et l'on y ajoute la défense d'entretenir sans le même concours une armée permanente. Il est significatif de n'entendre réclamer,

[1] On connaît la formule des cortès aragonaises : « Nous qui valons autant que toi, nous te faisons roi à condition que tu maintiendras nos libertés. *Sinon, non.* »

dans une occasion si favorable, ni la liberté de la presse, — que la déclaration des droits laissa en effet soumise à la censure, — ni la liberté religieuse; et de ce dernier point il n'y a pas lieu d'être surpris, puisque la révolution de 1688 s'était faite en haine du papisme et contre les mesures de tolérance octroyées par Jacques II. La persécution des catholiques ou tout au moins les lois édictées contre eux ne furent en aucun temps plus féroces que sous Guillaume III. Tant il est vrai qu'on ne concevait pas alors l'importance ni le prix de ces deux grandes libertés. Il fallut un siècle — et le dix-huitième siècle! — pour les faire entrer dans les esprits et dans les mœurs. Quant aux garanties stipulées pour la conservation des libertés conquises, il n'y en a qu'une. On demande que des parlements soient réunis *fréquemment*; c'est tout. Or on avait pu voir naguère quel compte la royauté tenait même d'une loi expresse comme celle de 1664, qui exigeait au moins une session en trois ans : quand Charles II mourut, il n'y avait pas eu de session depuis quatre ans. Que pouvait donc valoir ce simple vœu, dépourvu de toute stipulation précise et de toute sanction? La vraie garantie était, il faut bien le dire, dans une autre clause, celle qui réservait à tous les sujets protestants le droit de porter des armes, et il n'est pas difficile de voir qu'elle impliquait le recours pur et simple à la force en cas d'oppression. Rien n'est plus caractéristique dans la déclaration des droits que cette absence de tout mécanisme savant, de toute combinaison étudiée, destinés à assurer le respect des libertés qu'elle proclame; elle les proclame simplement, et derrière elles elle arme, simplement aussi, le droit d'insurrection, le même que nous avons énoncé avec tant d'éclat en 1793, et que l'Angleterre, quelques années plus tard, devait consacrer publiquement elle-même, dans le procès de Sacheverell, sous le nom plus discret de droit à la résistance.

L'*acte d'établissement* de 1701 présente des caractères un peu différents. Guillaume III n'avait pas d'enfants. La reine présomptive Anne venait de perdre son fils et n'espérait plus de postérité. Tous les héritiers protestants issus de Jacques II ayant disparu, on retombait sur les héritiers catholiques, Jacques III, la duchesse de Savoie. A la vérité, aux termes d'une loi en vigueur, ceux-ci ne pouvaient monter sur le trône qu'à la condition d'abjurer. Mais rien ne prouvait encore que, le moment venu, cette condition ne serait pas remplie. Le parlement, sans tenir compte de l'ordre dynastique, sans même laisser à Jacques III le temps et l'occasion de régénérer son aptitude à la couronne par un changement de religion [1], transporte définitivement la royauté dans une famille étrangère, celle des Brunswick-Hanovre, issue par une filiation longue et oubliée du roi Jacques Ier. En outre, à l'exemple du parlement de 1688, il incorpore dans l'acte d'établissement 8 articles qui obligent éventuellement « *quiconque* » (ce sont les mots employés) « *viendra à occuper le trône* ». Si cette personne quelconque entend que l'acte d'établissement porte effet en sa faveur, elle devra nécessairement se soumettre à toutes les conditions contenues dans le texte.

A la différence des actes de 1215 et de 1688, l'acte d'établissement est bien une loi, dès le principe, par la forme et la

[1] Une réserve à cet effet, proposée par Godolphin, fut repoussée à une forte majorité.

procédure. Mais c'est autre chose et plus qu'une loi par l'intention et la portée. Tout est selon les règles législatives ; le parlement l'a votée ; le roi Guillaume la sanctionne librement. Seulement ce n'est pas lui qu'elle oblige, ni même la reine Anne. Elle n'entrera en vigueur qu'*après eux*, avec la nouvelle dynastie, dont les représentants n'ont pas été consultés et devront s'accommoder d'une situation réglée pour eux ou plutôt contre eux et sans leur concours. A leur égard, il n'y a donc pas loi, il y a bien mandat impératif comme en 1688. Le nouveau roi ne pourra en aucune façon s'opposer à l'entrée en vigueur de l'article qui interdit de nommer des étrangers à des fonctions civiles ou militaires, ou de leur faire don de domaines fonciers ; car cet article ne fait qu'un avec la loi qui appelle la dynastie au trône. La preuve que le parlement a entendu lier les mains du souverain, c'est la place qu'il a donnée à l'inamovibilité des juges parmi les stipulations de l'acte d'établissement. Une fois déjà, en 1692, Guillaume III avait opposé son *veto* à un bill voté par les deux Chambres en faveur de l'inamovibilité. Le parlement n'a pas voulu s'exposer à voir cette réforme essentielle échouer de nouveau sous la dynastie suivante. Il l'a rendue inséparable du titre même de Georges Ier et de ses descendants à la couronne.

Le bill d'établissement comprend huit articles. Le premier, qui est fondamental, statue que le roi d'Angleterre doit être en communion avec l'Église établie d'Angleterre. Trois autres articles sont de circonstance; ils sont destinés à prévenir les abus et les dangers qui peuvent résulter de l'avénement d'un roi étranger, ayant des possessions à l'étranger et amenant en

Angleterre des favoris étrangers. Ces précautions, trop justifiées par les deux premiers Georges, sont aujourd'hui sans intérêt pratique. L'importance de l'acte d'établissement, au regard du droit constitutionnel, est dans les quatre autres clauses. Deux d'entre elles sont une même tentative pour détruire le pouvoir du cabinet, en excluant les ministres du parlement et en les noyant pour ainsi dire dans un grand conseil privé. C'était la résurrection d'un plan qui avait déjà échoué sous Charles II. Il échoua de nouveau et définitivement. Les deux articles furent rapportés sous la reine Anne[1], et le gouvernement de cabinet, appuyé sur la majorité parlementaire, est demeuré depuis lors la base du régime politique de nos voisins. Une autre clause

[1] A propos de cette mesure, Oldfield écrivait en 1816 que cet instrument était de la nature de la grande charte et ne pouvait pas être abrogé (*was irrepealable*).

interdit d'arrêter par le pardon royal le cours d'une accusation intentée par la Chambre des communes. Le dernier article enfin proclame l'important principe de l'inamovibilité des juges. Il a été complété pratiquement par une loi de la première année de Georges III qui a rendu la durée de leurs commissions indéfinie et les a dispensés de les faire renouveler à chaque nouveau règne.

Voilà les origines, le caractère et le contenu de chacun des trois pactes. Il est clair qu'ils occupent une place à part dans le droit constitutionnel anglais. Ils représentent un élément extralégal et révolutionnaire. Les cent cinquante dernières années ont créé, en faveur de nos voisins, un préjugé qui s'accroît par un humble retour sur nous-mêmes et sur notre histoire. Toutes les fois qu'il est question du régime politique de l'Angleterre, les mots qui nous viennent sont ceux de tradition, mesure, sagesse, jeu régulier des pouvoirs, résistance légale. Ces excellentes mœurs politiques existent en effet, elles ont développé, complété, affermi les libertés anglaises; ce ne sont pas elles qui les ont fondées. Ici, comme ailleurs, ces libertés ont été le prix de la lutte; elles ont été conquises, non pas acquises. L'histoire des circonstances au milieu desquelles sont nés les pactes nous montre la royauté humiliée, fugitive, ou exclue des délibérations de la législature; cédant à la force, ou enfermée dans un dilemme impératif. En face d'elle, c'est la nation qui apparaît, qui, par ses mandataires réguliers ou irréguliers, tranche souverainement les questions, fixe elle-même la limite de ses droits et va jusqu'à changer les coutumes immémoriales du royaume.

V

D'autant plus nettement s'accuse dans ces trois pactes, mais surtout dans le plus important des trois, celui de 1688, un tour d'esprit qui est fait pour nous surprendre. Il convient de s'y arrêter un instant et de le définir en l'opposant à l'esprit qui pénètre, en France, les textes de même nature et de même nom. Révolutionnaire dans les faits, la *déclaration des droits* de 1688 n'a nullement le caractère philosophique et humanitaire que son titre laisse pressentir et que nous prêtons volontiers aux œuvres d'une révolution [1]. Dans la discussion, le préambule et

[1] Cela tient au génie de la race, sans doute; cela tient

le texte, il n'est question que de traditions et d'origines, nullement de principes et d'axiomes. Les lords parlent bien d'un contrat originel; mais il s'agit ici d'un contrat immémorial entre le Roi et le peuple, non d'un contrat abstrait entre la société et ses membres; cela n'a rien de commun avec les théories de Rousseau. Les libertés que l'on revendique sont dé-

aussi au temps où s'est produite la crise qui a donné à l'Angleterre toutes les garanties essentielles et qui, à cause de cela, a été la dernière. En 1688, et pendant tout le dix-septième siècle, ce qui caractérise toutes les recherches intellectuelles, en théologie comme dans les sciences, comme en politique, en France aussi bien qu'en Angleterre, c'est que le plus haut effort de l'esprit ne va qu'à reconnaître des autorités, à enregistrer des précédents, à consacrer des textes d'où il tire, par des déductions savantes, les vérités auxquelles il croit. C'est seulement à partir du dix-huitième siècle qu'il commence à contester ces autorités et à leur demander leurs titres, à faire la critique de ces textes et à les récuser, s'ils sont contraires au sens commun. L'Angleterre a eu l'avantage d'avoir sa crise politique décisive à une époque où le siècle de Voltaire n'avait pas encore déchaîné le rationalisme à outrance qui a pris plus ou moins possession de toute l'Europe. Le prestige le plus élevé était encore celui des choses consacrées par le finies : les *vraies, anciennes et indubitables libertés* des sujets de ce royaume. L'acte d'établissement un peu plus tard les qualifiera de *birthright. Birthright* veut dire droit d'aînesse aussi bien que droit de naissance. Les revendications de cette grande époque sont pleines de l'orgueil d'une race choisie pour qui la liberté a le caractère d'un privilége du sang plutôt que d'une loi naturelle commune à

temps. Elle a eu cet autre avantage que le passé vers lequel elle se tournait d'instinct, lui présentait le spectacle de libertés pratiquées avec gêne, mais sans interruption, violées parfois, mais toujours revendiquées, et qu'elle devait être tentée de revendiquer encore. Tout au contraire, l'ancien régime ne nous offrait en 1789 que des apparences d'institutions, celles-ci énervées ou annulées sous le bon plaisir royal, celles-là suspendues depuis si longtemps, comme les États généraux par exemple, qu'on en avait oublié la procédure et qu'il fallut d'infinies recherches, des rcherches d'érudition, pour retrouver comment on avait opéré en 1614 et auparavant. Dans cette disette d'exemples, dans cette fuite et cet éloignement des traditions, comment l'esprit français ne se serait-il pas rejeté du côté des recherches spéculatives, vers lesquelles l'entraînait d'ailleurs le courant du dix huitième siècle?

tous les hommes. Ce n'est pas là une théorie qui donne ses raisons; c'est une antique propriété qui produit ses titres.

Rien n'est plus significatif à cet égard que ce qui s'est passé dans la convention anglaise de 1688. Le Roi était en fuite, une armée étrangère sur le sol national, l'Écosse incertaine, l'Irlande prête à se révolter. C'est le moment que les lords et les communes choisissent pour rechercher longuement et patiemment tous les précédents de l'histoire nationale relatifs à la vacance du trône, aux abdications. Somers produit un rôle parlementaire de l'année 1399 dans lequel il était expressément déclaré que l'office royal était resté vacant dans l'intervalle entre la résignation de Richard II et l'intronisation de Henri IV. Les lords répliquent en produisant le rôle de la première année d'Édouard IV, qui faisait entendre que le précédent de

1399 avait été solennellement annulé. Treby vint au secours de Somers et produisit un rôle du parlement de la première année de Henri VII, qui abrogeait l'acte d'Édouard IV, et rendait sa validité au précédent de 1399. On était remonté précédemment à Guillaume le Roux et à Richard de Normandie. — La situation est plus compromise encore et le danger plus pressant lorsqu'on s'occupe un peu après de régulariser le titre de la convention qui a appelé Guillaume III sur le trône. On parla longuement et sérieusement, dit Macaulay, sur toutes les circonstances de la déposition de Richard II; on fit l'histoire complète des ordonnances royales; on discuta l'étymologie du mot « parlement ». Ce fut une véritable débauche documentaire. A la fin, le vieux Maynard, qu'à son nom je crois reconnaître pour un Français d'origine, ramena la question à ses vrais termes, à ses termes révolutionnaires. « Nous sommes en ce « moment, dit-il, hors du chemin battu. « Si nous sommes résolus à n'avancer que « par ce chemin, nous n'avancerons pas du « tout. Un homme qui, au milieu d'une « révolution, prend le parti de ne rien « faire que de strictement conforme aux « règles établies, ressemble à un homme « égaré dans un désert et qui s'arrête en « criant : Où est la grande route? Je ne « veux passer que par la grande route. « Dans un désert un homme doit prendre « le chemin qui le ramène chez lui. » On fit ce que voulait Maynard, mais de guerre lasse et à regret.

Il y a eu le pendant exact de cette séance au Corps législatif de 1815, au moment où, après Waterloo, Blücher arrivait sur Paris. Chez nous aussi, le souverain de fait était en fuite, l'étranger victorieux, le choix de la dynastie remis en question. — Le 4 juillet, le *Moniteur* apprend à la population que Paris est livré aux alliés. Le 5, la Chambre des représentants se réunit à l'heure ordinaire. Au lieu d'employer le temps qui lui reste à délibérer sur les dangers qui menacent la patrie, elle entame avec entrain le débat sur une déclaration des droits présentée par Garat. — « I. Tous les droits émanent du peuple; la souveraineté du peuple se compose de tous les droits individuels. » — « VIII. La liberté de chaque individu n'a d'autres bornes que la liberté des autres individus. » — « XI. Les éléments de toutes les sciences et ceux de tous les talents, le goût et l'imagination seront enseignés dans une université. » — Le débat se prolonge. Pendant plusieurs heures on vit se produire toutes les théories, toutes les définitions laissées par l'antiquité, ou données par les publicistes et le dictionnaire. Grande animation, grand sérieux. « Ce n'est pas une déclaration des droits, c'est une déclaration de violence », s'écrie un membre. — « Mais les Anglais arrivent! » interrompt quelqu'un. — « Ils seraient là, que je demanderais à émettre mon opinion. » — La séance levée à cinq heures est renvoyée à sept heures. Pendant le jour, la Chambre avait adopté la déclaration des *droits*. Le soir, elle s'occupe d'une déclaration de *principes*. Quand le président eut proclamé le résultat du vote, un indicible enthousiasme saisit l'Assemblée; tous les députés sont debout, étendent les bras, se pressent, s'embrassent; les larmes coulent. « Que l'ennemi vienne, maintenant nous pouvons mourir! » — Le lendemain, pendant que les alliés prenaient possession des barrières, la Chambre discutait encore et votait, avec un intérêt non diminué, 52 articles de la constitution. Elle renvoyait au lendemain 7 la discussion sur la deuxième section du chapitre IV. Le lendemain, Blücher faisait son entrée à Paris.

Voilà bien les deux courants opposés, l'un historique, l'autre philosophique; et rien ne montre mieux leur puissance que la facilité avec laquelle les vains débats que j'ai rapportés ont pris la place, dans les deux pays, des mesures pratiques qui semblaient commandées par les circonstances. Cela rappelle les Grecs refusant de remettre leurs jeux Olympiques, même pour courir aux Thermopyles. L'effet de perspective cherché par les Anglais de 1688 consiste à faire arriver lentement toutes leurs libertés du bout de l'horizon et du fond de l'histoire nationale. Ils ne veulent pas les avoir vues naître. Le génie français, éminemment rationaliste, a de la peine à se figurer cet idéal si différent du sien. En France, l'autorité naturelle et immédiate est aux idées qui ont pour fondement sentimental l'union avec l'humanité en général. En Angleterre, elle est aux idées qui ont pour fondement sentimental l'union avec les générations précédentes. Nous ne sommes à l'aise que devant une large conception en surface où tous les peuples entrent avec nous et s'inclinent devant des articles de législation universelle. Les Anglais se complaisent devant une étroite conception en profondeur où tous les siècles de la vie nationale s'entrevoient les uns derrière les autres. La constitution anglaise porte la marque profonde de ce tour d'esprit. La filiation historique en est l'âme, de même qu'une fraternité idéale a toujours été l'âme des nôtres.

C'est ce caractère si frappant qui est cause qu'il n'y a dans la déclaration des droits ni ordre ni plan d'ensemble. Les treize articles qui la composent se suivent comme au hasard. Cela est tout à fait contraire à l'idée que nous nous faisons des actes issus d'une situation révolutionnaire; ils se distinguent en général par des conceptions larges et compréhensives. Dans de telles crises la nation est souveraine; elle n'a plus rien devant elle. Quelle tentation d'élaborer un système complet dont toutes les parties se relient, s'accordent et se soutiennent! Nous n'y avons pas manqué en 1789. Une préoccupation toute différente se trahit dans le bill des droits. Il est, il veut être une pure *œuvre de circonstance*. Chacune des 13 dispositions qui figurent dans le texte de 1688 a pour unique objet de parer à un inconvénient signalé par une pratique récente. Aucune ne procède d'une conception générale de la matière. Si Jacques II n'eût pas dispensé de l'exécution des lois sur les catholiques sir Ed. Hales, la condamnation du *dispensing power* ne serait peut-être pas inscrite dans le bill des droits[1]. Cette vue étroite se relie à une vue profonde. Si l'on avait repris de fond et d'ensemble tout l'édifice constitutionnel, il aurait eu son point d'appui en lui-même, il serait devenu comme une œuvre spéculative, née de toutes pièces et à l'heure même, et se réclamant, non de ses antécédents dans la vie nationale, mais de sa logique intérieure et de sa valeur propre. Le lien qui le rattachait au passé se serait trouvé dénoué ou caché, et du même coup se serait évanoui le prestige qui agit le plus sûrement sur l'esprit anglais. — En ne touchant qu'aux

[1] De même si Guillaume III n'avait pas comblé de libéralités Bentinck et ses autres favoris étrangers, l'interdiction de pensionner d'autres personnes que les sujets anglais ne serait peut-être pas inscrite dans l'Acte d'établissement.

points que de récents abus avaient pu obscurcir, le bill de 1688 laissait le gros de la constitution flotter sans date certaine dans les arrière-plans de la coutume et, suivant le mot de Tacite, s'imprégner d'antiquité. Il apparaissait lui-même comme une partie détachée de cette constitution immémoriale, et appelée plus près de la lumière par des nécessités accidentelles. Un système savant et bien ordonné n'aurait plus été aussi manifestement une restitution et un rappel de la *common law;* il n'aurait pas eu l'autorité suprême qui lui venait de cette source respectée. Voilà pourquoi l'on ne trouve dans le bill des droits ni plan général, ni séries complètes, ni définitions étudiées, ni sanctions habilement ménagées. Précisément parce qu'il est resté incomplet, incohérent, disparate, parce qu'il n'a fait que répondre sèchement aux questions posées par le hasard des événements, il a été impossible de méconnaître qu'il était un simple fragment d'un ensemble plus vaste, une simple confirmation et une déclaration partielle d'un droit plus ancien, et l'on a continué à apercevoir derrière lui la majesté de la coutume, vrai fondement de la constitution.

VI

Les statuts ou lois forment la troisième source du droit constitutionnel écrit en Angleterre. Ce sont les actes qui ont été votés par les deux Chambres régulièrement constituées, et que la couronne a sanctionnés librement. Ce qui est particulier au droit anglais, c'est qu'il n'admet pas d'ordre constitutionnel opposé et supérieur à l'ordre législatif. Toutes les questions, les plus hautes et les plus graves comme les plus humbles, sont du domaine de la loi [1]. Les Anglais ne connaissent pas les assemblées constituantes en tant que distinctes des assemblées législatives. Chaque parlement se considère comme qualifié pour agir indifféremment dans les deux capacités. Aucune précaution n'a été prise pour rendre plus lente et plus mûre la délibération sur les objets les plus considérables du droit constitutionnel. Rien ne s'oppose à ce qu'on les traite d'urgence. La révision des statuts qui règlent ces objets n'est pas soumise, comme en d'autres pays, à une procédure particulière. Comme

[1] Un statut de la reine Anne, 6, C. 7, consacre le droit du parlement de changer par une loi l'ordre de succession au trône. Il prononce les peines de la trahison contre ceux qui, par des écrits ou des imprimés, contestent ce droit. On vient de voir deux occasions où le parlement en a usé. Ce ne sont pas les seules.

on les a faits, on les défait, sans plus de difficultés ni de ménagements que pour une loi ordinaire. — Cette tendance à confondre l'ordre constitutionnel et l'ordre législatif s'est montrée d'une manière significative à propos du pacte de 1688; on avait alors un instrument émané d'une convention vraiment nationale et dûment élue, sauf que l'ordonnance de convocation des électeurs ne portait pas la signature royale. A la place des Anglais, nous nous serions étudiés à lui laisser ce caractère exceptionnel et distinctif, le caractère d'un *motu proprio* de la nation, en dehors des règles parce qu'il est au-dessus des règles. C'eût été faire entendre que le pouvoir constituant, inhérent au peuple, était ici rentré en scène. On n'a pas eu de repos que l'acte n'eût été repris, sanctionné et confirmé sous la forme d'une loi ordinaire, par un parlement régulier. Ainsi remanié et dissimulé, il figure à sa place et à sa date dans l'histoire paisible du progrès légal, et rien ne rappelle à première vue sa nature particulière et les circonstances exceptionnelles de sa naissance. Il n'en est pas autrement des traités. La loi, faite en commun et librement par les trois pouvoirs, voilà la seule source reconnue et la seule forme correcte du droit écrit en Angleterre. Il n'y a en dehors et au-dessus d'elle aucun texte auquel elle soit tenue de se conformer et de se subordonner. Aucun acte du parlement, dit Paley, ne peut être inconstitutionnel.

N'est-il pas d'une suprême imprudence de livrer ainsi les bases mêmes des institutions politiques aux entreprises et aux procédés sommaires du législateur? Que reste-t-il de fixe, d'assuré, de durable, si la constitution participe de la mobilité du droit statutaire, si rien ne lie les mains d'un parlement téméraire, en veine de réformes et de changements? Le pouvoir de notre Convention de 1792 était plus dangereux parce qu'il était aux mains d'une assemblée unique; il n'était pas plus étendu ni plus arbitraire. — Les Anglais n'ont pas dû méconnaître ces conséquences; mais ils ne s'en sont pas alarmés. Ici encore, ils se sont fiés à leur esprit public et au prestige de la coutume, gardienne des fondements de leur constitution, pour retenir la main du législateur. Ils ont demandé leurs garanties à un système qui est exactement le contre-pied du nôtre. Au lieu de faire masse de leur constitution, ils ont cherché à lui donner le moins de corps possible, attendu que tout corps est par essence vulnérable. Voilà pourquoi ils ne l'écrivent qu'en partie et pourquoi, lorsqu'ils l'écrivent, bien loin de rehausser et de différencier leurs textes constitutionnels, ils les sèment et les perdent pour ainsi dire parmi les textes de la législation ordinaire. Faire parader la constitution en grand costume devant le bataillon des statuts, ce costume fût-il une armure, ce serait la désigner à l'attention et aux attaques. Le plus sûr est de la tenir à l'écart et au loin, avec le corps de réserve, ou, quand il le faut, de la revêtir du simple uniforme de la loi et de la laisser dans le rang, sans attribut distinctif. — Nous avons cherché nos garanties de stabilité politique dans le relief, l'éclat, la solennité de nos fondations constitutionnelles. Les Anglais les ont trouvées dans le vague de la coutume, dans le caractère effacé et banal de la loi, dans l'espèce d'anonyme auquel ils ont condamné leur constitution au milieu de cette promiscuité statutaire. Chacun des deux systèmes a théoriquement ses inconvénients et ses avantages. Tout compte fait, l'expérience semble avoir prononcé en faveur du système anglais [1].

VII

Les peuples qui ont été forcés de rompre avec leur passé se rejettent nécessairement vers le rationalisme et lui demandent l'autorité qu'ils ne peuvent plus demander au

[1] La fragilité communiquée aux statuts constitutionnels par la forme statutaire ressort clairement de l'histoire même de la déclaration des droits et de l'acte d'établissement. La première, en devenant l'année suivante le bill des droits, revient sur la condamnation portée contre le *dispensing power*, c'est-à-dire, contre le pouvoir que les rois s'arrogent de dispenser certains individus de l'observation des lois. Cette condamnation était absolue et sans restriction ; on la limite et on l'énerve en ajoutant, « de la manière dont ce pouvoir a été exercé récemment ». C'était reconnaître qu'il existait encore et qu'il était en principe légitime. Plus profondes furent les atteintes

prestige de l'histoire. Il nous faut sans doute un effort pour reconnaître une constitution dans l'œuvre disparate dont je viens d'analyser les sources. Rien ne ressemble moins en effet à ces précipités rapidement formés, à ces cristallisations brillantes et régulières que nous sommes habitués à rencontrer sous ce nom. Je comparerais volontiers la façon dont s'est formée la constitution anglaise à un dépôt lent et indéfini au fond d'une liqueur terne. Elle n'en a pas moins sa valeur, — une valeur éprouvée, — et son génie propre.

Trois caractères la distinguent.

portées à l'acte d'établissement. Deux de ses articles furent abrogés ou modifiés avant l'avénement de la dynastie hanovrienne, sous la reine Anne. Le troisième fut sacrifié à l'humeur inquiète et à la nostalgie allemande de Georges Ier. Qu'il y a loin toutefois de ces menus changements aux révolutions successives qui nous ont fait passer en trois quarts de siècle à travers treize constitutions, toutes, à ce qu'il semblait, fortifiées et retranchées merveilleusement contre les changements téméraires, toutes emportées dans un seul assaut avec leurs ouvrages extérieurs !

Le premier, c'est qu'ayant eu comme les autres ses éléments révolutionnaires, elle a eu l'art de donner le change à la révolution sur elle-même, de l'absorber dans le courant de la tradition et de substituer un idéal de vieilles libertés héréditaires à un idéal de droits abstraits, élaborés par la raison, conquis par la force.

Le deuxième, c'est qu'elle n'est pas codifiée, qu'elle est à peine écrite et qu'elle echappe pour ainsi dire à toute traduction en langue vulgaire; c'est aussi qu'elle est discrète, voilée, et qu'elle ne se distingue pas des lois ordinaires, de sorte que les progrès que le cours du temps amène s'y font aisément leur place, et que d'immenses changements ont pu s'accomplir dans l'équilibre des pouvoirs, sans provoquer jamais la périlleuse aventure d'une révision.

Le troisième, qui fait en même temps

sa haute moralité, et qui lui assigne un rôle éducateur, c'est cette mise en demeure à tous les citoyens d'avoir à veiller sur le dépôt des institutions nationales, qu'elle a privées à dessein de toute autre défense que l'énergie des mœurs et la sagesse de l'esprit public.

LES SOURCES ET L'ESPRIT

DE LA

CONSTITUTION DES ÉTATS-UNIS

L'étude du droit constitutionnel a rencontré en France des conditions particulièrement défavorables. L'instabilité de nos institutions politiques a été une première cause de disgrâce. Les gouvernements issus d'une révolution ou d'un coup de force n'encouragent pas volontiers un enseignement dans lequel les circonstances de leur origine peuvent être rappelées, le principe de leur légitimité débattu. Une appréciation même bienveillante n'est pas sans péril : elle éveille la contradiction, provoque l'examen des titres; le silence est plus sûr. Une seule fois, pendant un temps très-court, le droit constitutionnel a figuré sur le programme d'une de nos Facultés de droit. Une chaire de ce nom fut créée à Paris en 1835 pour l'illustre Rossi. Elle disparut au lendemain du coup d'État de décembre 1851, et la République elle-même ne l'a relevée qu'en 1879. Les jurisconsultes se sont naturellement détournés d'une étude sans débouchés; ils se sont portés vers les autres sujets que les encouragements de l'État désignaient à leur préférence. De là vient que la branche la plus élevée du droit public n'a pas en français de littérature classique. Des problèmes de cet ordre ont pu fournir la matière d'écrits importants, composés par des hommes d'État dans un intérêt de circonstance; mais le livre de Rossi est à peu près le seul ouvrage considérable de droit constitutionnel qui ait le caractère d'un *traité*.

Si l'étude des constitutions nationales a été délaissée, celle des constitutions étrangères l'a été bien davantage. Nous sommes d'ailleurs particulièrement mal préparés à les comprendre. Les Français ne peuvent pas oublier que leurs idées ont plus d'une fois régné sur le monde; ils s'attendent naïvement à les retrouver partout. Le rationalisme abstrait qui est leur esprit même et l'âme de leurs créations a quelque penchant à se croire d'une application universelle. L'élégance de leurs classifications est si raffinée, l'ordonnance de leurs plans est si savante qu'ils sont enclins à leur prêter une valeur absolue et à se figurer que tout doit entrer et trouver sa place dans ces cadres. Leur langue enfin, amoureuse de clarté, habile aux formules précises, les entraîne à négliger ce qu'elle ne peut pas rendre nettement ou à définir de force ce qui ne peut être que décrit ou indiqué. Ces préjugés et ces insuffisances suivent la plupart de nos auteurs dans l'étude des constitutions étrangères et notamment des deux grandes constitutions anglo-saxonnes.

Ils n'ont pas l'idée que c'est un autre monde où ils pénètrent et comme un milieu baigné d'une autre lumière, et que, s'ils y entraînent avec eux leur atmosphère, tout ce qu'ils essayeront de voir se trouvera déformé par une réfraction vicieuse. J'ai montré ailleurs, à propos de la constitution anglaise, les méprises que l'on est exposé à commettre, et les précautions à prendre pour les éviter. Je voudrais faire voir par quelques exemples que la même circonspection est nécessaire dans l'étude de la constitution américaine. Là aussi il convient de nous dégager de nos habitudes intellectuelles, de renoncer à nos cadres tout faits, de nous laisser pénétrer lentement par les choses elles-mêmes et de démêler leur logique propre au lieu de les plier à une méthode qui n'a pas été faite pour elles.

Le premier soin à prendre est de se procurer le texte anglais de la constitution fédérale et de se mettre en état de le lire dans l'original. La recommandation n'est pas superflue. La connaissance des langues étrangères est chose toute récente en France, et l'habitude de remonter aux sources, la préoccupation de serrer de près le sens des mots ne sont pas beaucoup plus anciennes [1]. Les fautes de critique

[1] L'infidélité d'une traduction pourrait, à moins d'être découverte et signalée à temps, entraîner les plus graves

et les erreurs d'interprétation les plus singulières se rencontrent dans des ouvrages qui ont fait longtemps autorité au commencement du siècle, et le même reproche peut être adressé à des publications qui n'ont pas plus de quatorze ans de date.

Deux ou trois exemples permettront de mesurer la profondeur du mal.

Dans la première édition de leur *Recueil des chartes et constitutions de l'Europe et de l'Amérique,* des auteurs aussi graves que Duvergier, Dufour et Guadet donnent comme la constitution en vigueur aux

conséquences. Un peu après 1830, des pourparlers étaient engagés entre la France et les États-Unis au sujet d'une indemnité. On se rappelle qu'à cette occasion les rapports des Chambres françaises et du ministère étaient empreints d'une grande aigreur; ils n'étaient pas moins aigres d'une nation à l'autre; le président Jackson alla même jusqu'à proposer au congrès des mesures d'un caractère extrême. Sur ces entrefaites, une dépêche française parvint à la Maison-Blanche. Elle commençait par ces mots : « Le gouvernement français demande », qu'un secrétaire igno-

États-Unis les articles de la Confédération, abrogés précisément en 1789 par cette même constitution, et ils ont reproduit la même confusion dans leur supplément, publié après 1830. Ainsi, pendant quarante ans au moins et à la veille du voyage de Tocqueville, on a pu croire, dans le monde même des jurisconsultes, qu'il n'y avait aux États-Unis ni un Sénat, ni une Chambre des représentants, ni un Président, ni une Cour suprême, et que la grande république était encore sous le régime de ce fédéralisme soupçonneux et impuissant auquel Washington, Jefferson,

rant traduisit tout uniment par : *The French Government demands*. Le président Jackson ne savait pas notre langue. A peine eut-il entendu cette phrase qu'il se récria : « Si le gouvernement français ose *demand* quoi que ce soit aux États-Unis, il n'obtiendra rien. » C'est seulement après qu'une personne mieux informée eut expliqué au président que le verbe français *demander* répond, non pas au verbe anglais *demand*, qui signifie *exiger*, mais au verbe anglais *request*, que l'irritable général consentit à écouter les représentations de la France.

Franklin, Hamilton avaient si glorieusement mis fin avant l'ouverture du dix-neuvième siècle [1].

M. Conseil, qui signale le fait dans un livre estimable sur Jefferson, prend la peine de traduire le texte authentique. Mais il laisse passer dans le premier article un non-sens qui le rend inintelligible.

Ce non-sens a rencontré une fortune si singulière que je ne puis me dispenser d'en donner la clef. L'article dit qu' « un Congrès formé du Sénat et de la Chambre des représentants sera investi de tous les pouvoirs déterminés par la présente constitution » (*herein granted*). Au lieu de :

[1] Chose curieuse : les auteurs donnent à la suite des constitutions des États les règlements du Sénat et de la Chambre des représentants des États-Unis. Quel Sénat? Quelle Chambre? Ces noms ne figurent pas dans le texte principal; mais cela même n'a pas la vertu de troubler les savants auteurs et de leur donner le vague sentiment de l'erreur commise.

« par la présente constitution », le texte de M. Conseil donne : « par les représentants ». Ainsi ce seraient les représentants qui à eux seuls détermineraient non-seulement leurs propres pouvoirs, mais ceux du Sénat, ceux du Congrès tout entier. D'où a pu sortir cette surprenante ineptie? Il est probable que le manuscrit du traducteur portait l'expression : « par les présentes », qu'une erreur du prote aura substitué à ces mots : « par les représentants », et que M. Conseil aura donné le bon à tirer sans relire. Quoi qu'il en soit, Tocqueville, ayant besoin en 1834 d'une traduction de la constitution américaine, s'empare de celle de M. Conseil, ne relit pas et reproduit tranquillement le non-sens. Nous ne sommes pas au bout. Les deux auteurs éminents du recueil classique des constitutions de l'Europe et du nouveau monde, édité en 1869, ne croient pas pouvoir s'adresser mieux qu'à Tocqueville pour une version exacte. Comme lui, ils ne relisent pas et copient machinalement la même prodigieuse coquille. Voilà donc une leçon qui est aujourd'hui consacrée par une possession de près de trois quarts de siècle[1].

Dans la même constitution, à l'article où il est question de la nomination conjointe des hauts fonctionnaires par le Président et le Sénat, le mot *nominate,* qui signifie, comme le latin *nominare,* « présenter, proposer, donner des noms », est traduit invariablement par « nommer », et le mot *appoint,* qui signifie « nommer à une place, commissionner », est traduit invariablement par « désigner », en sorte

[1] L'excellent recueil de MM. Dareste, publié tout récemment, contient une traduction exacte du passage; les auteurs sont remontés au texte original.

que le sens est complétement dénaturé, et qu'une opération unique, exprimée par un pléonasme banal, prend la place de cette procédure ingénieuse à deux phases que le législateur a si nettement décrite dans le texte original.

Voilà pour un seul texte, et j'en oublie sans doute. De pareilles énormités sont destinées à devenir de plus en plus rares, grâce à la part beaucoup plus large qui est faite aux langues vivantes dans l'éducation secondaire, au grand courant d'études déterminé par la Société de législation comparée, et aux traductions modèles que le comité créé près de la chancellerie confie à de savants et patients jurisconsultes. Mais j'en ai dit assez pour démontrer une fois de plus aux personnes curieuses de connaître les constitutions étrangères la nécessité de ne se fier à aucune traduction — cette traduction eût-elle l'autorité d'un nom comme celui de Tocqueville — et de remonter aux originaux. Sans un texte authentique et correct dont on peut étudier et peser les expressions dans la langue même de ses auteurs, on n'est sûr d'aucun de ses pas.

II

Il ne faut à tout le monde qu'un peu d'attention et d'étude pour concevoir en gros ce que c'est qu'une constitution fédérale. Il en faut bien davantage, il faut une vigilance sans relâche à des esprits formés par le spectacle des institutions françaises pour fixer en eux-mêmes et pour garder à l'état de sensation précise, continue, résistante, un type si étranger à leurs habitudes. Pour peu que cette sensation soit faible ou légère, la constitution unitaire dont le souvenir les pénètre ne manquera pas de s'insinuer à tout propos dans leur étude, de tirer à elle et de presser dans son propre sens les analogies qu'ils découvrent, de retracer les lignes selon son propre plan et dessin aux endroits où une connaissance imparfaite aura laissé des lacunes, de fausser enfin la physionomie de tout l'ensemble. C'est comme un instinct cent fois réprimé, autant de fois renaissant, qui induit la plupart de nos publicistes à traiter la constitution des États-Unis comme si elle était comparable aux nôtres et sujette aux mêmes procédés d'analyse, la seule particularité qu'ils retiennent étant que l'administration locale est sensiblement plus décentralisée en Amérique qu'en France. Le plan général de la Constitution fédérale, avec ses deux Chambres, son Président, sa Cour suprême, sa Déclaration des droits, favorise cette méprise capitale. La symétrie banale qu'elle offre avec nos propres textes invite à des rapprochements d'où peuvent sortir des interprétations trompeuses.

Je prendrai pour exemple précisément cette Déclaration des droits que je viens de signaler.

Les dix premiers amendements votés après coup sur la proposition de Jefferson forment dans la constitution un chapitre à part, une annexe qui contient une sorte de rappel de toutes les libertés anglaises classiques : presse, association, réunion, cultes, jugement par jury, inviolabilité du domicile et de la propriété privée, etc. C'est donc très-justement, à ce qu'il semble, que Story et la plupart des auteurs américains les intitulent : « Déclaration des droits. » Mais les Américains s'entendent, et nous ne les entendons pas. La sonorité magique de ce mot si glorieusement français, « Déclaration des droits », fait que nous ne pouvons pas nous empêcher de nous croire en France et en présence de droits absolus de l'homme et du citoyen, comme ceux que nos constitutions consacrent au nom de la liberté et de l'égalité naturelle. Tout autre est la portée aussi bien que le véritable esprit du texte.

Les stipulations qui forment la substance des huit premiers amendements sont essentiellement des précautions prises par les États contre les empiétements d'une souveraineté extérieure dont les organes sont le Président et le Congrès. Ce que les États ne voulaient pas, à l'époque où les amendements ont été proposés, c'est qu'une loi fédérale ou une action des officiers fédéraux pût s'exercer sur leurs habitants en matière de culte, de presse, d'association, etc., contrairement aux principes de leur constitution particulière ou au détriment de leur propre autorité législative. C'est pour leur autonomie qu'ils ont stipulé, et non pas en faveur de droits abstraits. A propos de la disposition de l'article premier, Story explique très-bien qu'à cette époque les épiscopaliens avaient la prépondérance dans un État, les presbytériens dans un autre, les congrégationalistes dans un troisième. Il n'y aurait eu de sécurité pour aucune de ces sectes si le gouvernement fédéral avait été laissé libre d'accorder à l'une d'elles les faveurs et l'appui de l'État. « Tout le pouvoir au sujet de la religion, ajoute le savant auteur, fut donc laissé aux gouvernements d'États, pour être exercé selon leur sens de la justice, et aux constitutions d'États. »

Jefferson n'est pas moins net. « J'espère, dit-il, qu'une Déclaration des droits sera rédigée pour protéger le peuple *contre le gouvernement fédéral,* comme il est *déjà protégé* dans la plupart des cas contre le gouvernement des États. »

Le 10e amendement qui clôt cette série donne d'ailleurs la règle d'interprétation applicable à tout l'ensemble. Il dispose que les pouvoirs que la constitution ne délègue pas aux États-Unis ou qu'elle ne refuse pas aux États sont réservés respectivement aux États ou au peuple. « Sur quoi il faut remarquer, dit Cooley, que ce texte ayant été élaboré en vue d'établir un gouvernement national, c'est une règle d'interprétation consacrée que les limitations qu'il impose sur les pouvoirs de gouvernement ne visent que le gouvernement de l'Union, excepté quand les États sont expressément mentionnés. »

Ces exemples et ces citations marquent bien dans quel sens et pour quelle raison plusieurs États avaient réclamé une Déclaration des droits et mis à ce prix leur adhésion au pacte fédéral. Ils voulaient que le Congrès ne pût pas faire acte de souverain chez eux et contraindre leurs concitoyens dans les matières où ils entendaient, soit les laisser libres, soit se réserver la faculté de les contraindre eux-mêmes. Voilà ce qui n'est jamais entré ou plutôt ne s'est jamais fixé profondément dans l'esprit de nos auteurs. Ils voient, par exemple, que le 6e et le 7e amendement garantissent le jugement par jury; ils infèrent naturellement de là que cette garantie est assurée à tous les citoyens américains, et qu'aucune loi ne peut y porter atteinte. Aucune loi du Congrès, assurément; mais une législature d'État pourrait très-valablement sanctionner une organisation judiciaire où il n'y aurait de jury ni au civil ni au criminel [1].

Pour les amendements de 2 à 8, l'erreur est excusable. Ces amendements sont rédigés au passif et n'indiquent pas les autorités auxquelles s'adressent les prohibitions qu'ils édictent. Il faut se rappeler, pour déterminer leur portée, que les États particuliers sont réputés, en principe, conserver tous les droits qui ne leur sont pas refusés expressément. Il est plus singulier qu'une méprise identique ait pu se produire au sujet du 1er amendement, dont les termes sont clairement limitatifs : « Le *Congrès*, dit le texte, ne fera aucune loi établissant une religion d'État ou

[1] V. COOLEY, *Treatise on the constitutional limitations*. M. le professeur Baldwin, dans un mémoire lu le 11 septembre 1879 à l'Association américaine de science sociale à Saratoga, signale ce qu'il appelle des « *inroads upon the jury system* » dans un grand nombre d'États. A la vérité, c'est surtout le jury civil qui est atteint.

prohibant le libre exercice d'aucun culte, ou portant atteinte à la liberté de la parole et de la presse, etc. »

Le Congrès seul est visé, les États ne le sont pas; mais on n'a pas l'air de s'en apercevoir. Apparemment, nos auteurs supposent que ce qui oblige l'autorité centrale oblige à plus forte raison, comme en France, les autorités provinciales et locales. Ils sont accoutumés à voir les droits dont il est ici question, conçus par le législateur comme des attributs inhérents à la personne du citoyen et opposables à tous les pouvoirs, de quelque nature et de quelque degré qu'ils soient; cette habitude est la plus forte et reprend le dessus même après l'évidente démonstration du contraire. Laboulaye lui-même, après avoir marqué avec sa lucidité ordinaire la portée restreinte des amendements, revient malgré lui au point de vue français et s'en pénètre si bien qu'il ne voit plus qu'il contredit, dans ses exemples, les principes qu'il a posés en commençant. Il se place dans l'hypothèse où une loi d'un État imposerait à la presse la censure ou l'obligation du cautionnement, et il décide que la cour suprême des États-Unis, gardienne de la constitution fédérale, devrait déclarer la loi inconstitutionnelle. La vérité est que la cour suprême devrait simplement se déclarer incompétente. Une pareille loi est inconstitutionnelle seulement si elle émane du Congrès. Elle est inattaquable devant la justice fédérale si elle émane d'une législature d'État.

Sans doute, la distinction méconnue n'a pas d'effet pratique bien sensible, d'abord parce que la *common law* anglaise consacrait d'avance, dans tous les États, la plupart des libertés spécifiées par les huit premiers amendements, ensuite parce que les États, pour des raisons que je développerai plus loin, les avaient très-généralement inscrites eux-mêmes, par surcroît, dans leurs propres constitutions. Néanmoins plusieurs événements de l'histoire des États-Unis resteraient inintelligibles si l'on perdait de vue que les amendements ne confèrent pas aux citoyens des droits absolus, mais des garanties spéciales contre les seuls pouvoirs fédéraux.

On ne s'expliquerait pas, notamment, les restrictions qui ont pu être apportées autrefois par les États du Sud à la circulation des feuilles abolitionnistes, la persistance des pénalités ou des infériorités légales qui dans certains États de la Nouvelle-Angleterre sont restées quelque temps attachées à l'omission de toute pratique religieuse, ou encore les subventions pécuniaires accordées par certains États à telle ou telle secte déterminée. La Convention républicaine de 1880, après avoir protesté contre ces subventions, concluait par le vœu qu'un amendement constitutionnel mît fin à de tels abus : preuve évidente que le 1er amendement ne vise en principe que le Congrès et ne touche pas, en matière religieuse, à la liberté des États[1].

III

Un caractère qui n'a guère été mieux compris, c'est que la constitution fédérale n'est qu'un fragment et n'a point à elle

1 La liberté religieuse était fermement établie dans tous les États, sauf le Massachussetts et le Connecticut, avant l'adoption de la constitution des États-Unis. Elle le fut enfin au Connecticut avec la première constitution (1818) et au Massachussetts par un amendement à la constitution (1834) (Ezra Seaman).

seule de sens défini : elle ressemble à ces figures que l'on replie aux deux tiers de la hauteur, de façon à ne laisser voir que le tiers supérieur, et qui ont l'air d'être un tout jusqu'au moment où la feuille dépliée de nouveau les montre complètes avec leur vraie physionomie. Ou, si l'on veut, c'est un corps dont on n'aperçoit que la tête, les pieds et les mains, tout ce qui sert à la vie de relation, tandis que le tronc tout entier reste caché avec les organes qui entretiennent la vie proprement dite, la vie végétative. Ce surplus essentiel, ce sont les constitutions des États.

Elles forment non pas une illustration ou une annexe utile, mais le complément indispensable de la constitution fédérale. Nos auteurs les plus graves, préoccupés de trouver en Amérique des preuves à l'appui d'une théorie favorite et le sujet d'une imitation à recommander de haut, se sont montrés particulièrement négligents de ce caractère capital. Ils n'avaient rien à en tirer, en effet, si ce n'est des raisons de se juger eux-mêmes bien téméraires dans leur proposition d'appliquer certaines parties de la constitution fédérale à un pays profondément unifié. Tocqueville marque bien qu'il faut commencer par l'étude des États; mais, dans cette étude, il cherche surtout une apologie de la décentralisation et du *self-government;* il y analyse avec passion, il fait vivre devant nos yeux la commune et le comté. Il les propose à la France comme des modèles. Qui ne se rappelle ces beaux développements, pénétrés du sentiment que les forces morales sont les seules qui comptent! De là il passe à la constitution fédérale sans donner en passant plus d'un court chapitre — exactement cinq pages et demie sur trois volumes — aux constitutions des États.

Inversement, Laboulaye ne s'intéresse qu'au mécanisme du gouvernement national. Il ne refait pas après Tocqueville la monographie de la commune, cela est naturel; mais il n'en dit pas plus que son illustre devancier sur les constitutions des États. Celles-ci ne figurent dans son œuvre magistrale que par quelques allusions rapides, quelques détails jetés au courant de la plume.

Et cependant combien d'objets importants ne sont même pas mentionnés dans la constitution fédérale! Combien de grands problèmes restent non résolus pour qui ne connaît qu'elle! On sait, pour ne citer que deux ou trois traits, qu'elle laisse à la législation des États le soin de décider par qui les électeurs présidentiels seront choisis, s'ils le seront par les législatures ou par le peuple, si le collége de ces électeurs présidentiels sera nommé en bloc par chaque État ou individuellement par circonscription, si les représentants de chaque État au Congrès seront élus au suffrage universel ou au suffrage restreint, au suffrage direct ou indirect, si les citoyens américains seuls seront admis au vote, ou si les émigrants non naturalisés jouiront du même privilége, etc. N'est-il pas évident qu'un pareil texte ne se suffit pas, et qu'il a besoin d'être complété par les autres textes qui tranchent ces questions capitales?

Il faut même aller plus loin et dire, non que les constitutions des États sont le complément de la constitution fédérale, mais que la constitution fédérale est le complément des constitutions des États. Ces dernières sont la base de l'édifice ou plutôt l'édifice même, dont l'autre est seulement l'acrotère et le couronnement. Sans doute, nos publicistes n'ignorent pas que l'autorité du Congrès et du Président est restreinte à un petit nombre de grands objets; ils savent ce qu'il y a de vérité relative dans la maxime de Jefferson : « Le gouvernement fédéral n'est que notre département des affaires étrangères. » Ils ne contesteraient pas — quoique aucun d'eux n'en fasse la remarque — qu'un citoyen américain peut, selon le mot de Williams [1], passer toute sa vie sans avoir une seule fois à invoquer les lois fédérales et à mettre en mouvement les pouvoirs de l'Union. Mais de tout cela ils n'ont pas, comme il le faudrait, le sentiment profond, enraciné, toujours présent. Ils y pensent un instant; l'instant d'après, ces considérations sont écartées, et les voilà

[1] *Rise and fall of the model republic.*

qui versent dans les comparaisons les moins justifiées entre l'organisation de cette autorité centrale à province si restreinte et de rencontre si rare, de ce *gouvernement au minimum,* pour ainsi dire, et celle de nos pouvoirs à compétence illimitée, à ingérence universelle.

Je crois que la plupart de nos commentateurs seraient d'abord tout surpris, sauf à se défendre ensuite de l'avoir été, s'ils s'entendaient dire que les vrais analogues de nos constitutions par l'essence et par le genre, ce sont les constitutions des États particuliers, les seules qui créent des pouvoirs généraux de gouvernement, les seules d'où émanent dans leur ensemble le droit civil, le droit criminel, le droit administratif, la législation industrielle, avec les fonctionnaires et les juges qui les font observer, les seules dont le citoyen sente à chaque pas, pour ainsi dire, l'opération tutélaire ou répressive. Là se trouve l'assiette profonde des institutions politiques en Amérique et aussi la clef de la constitution fédérale, l'explication de ses mystères et le mot de ses destinées.

Je n'ajouterai qu'une remarque décisive.

Depuis l'origine de l'Union jusqu'en 1860, la base du pouvoir s'est absolument déplacée en Amérique; elle est devenue de républicaine démocratique, de démocratique presque ochlocratique. Or, de cette lente et graduelle évolution qui a duré près d'un siècle, l'immuable Constitution fédérale ne témoigne rien. A ne consulter qu'elle, il semble que rien n'ait changé depuis 1789, et qu'entre l'Amérique de Washington, celle de Jackson, celle de Buchanan, — je laisse de côté la période contemporaine, — il n'y ait pas de distinction politique à établir. Cette seule énormité doit suffire, je pense, pour rendre suspecte à nos futurs auteurs la méthode que leurs devanciers ont suivie, pour les engager à étudier profondément les constitutions des États, et pour les empêcher de prendre à leur tour l'exception pour la règle, la moindre partie pour le tout.

IV

Mais ce n'est pas seulement dans les constitutions des États que se trouve le complément de la Constitution fédérale. Il y a lieu de puiser à d'autres sources moins importantes sans doute, mais cependant notables et encore plus ignorées ou négligées. Une machine qui fonctionne depuis longtemps ne doit pas être étudiée seulement dans l'album du constructeur et sur les planches très-soignées où sont reproduits au lavis les différents organes. La reproduction n'y est pas complète ; elle n'y est pas toujours fidèle. A force de tourner, les rouages ont plus ou moins changé de forme ; les uns se sont adaptés et assouplis, les autres se sont désarticulés et ne marchent plus ; les mécaniciens en ont ajouté de nouveaux. Ces modifications n'ont pas toujours été reportées sur l'épure originale ; il faut les aller chercher un peu partout, quelquefois dans des cahiers de croquis, à l'angle d'une page ; souvent même elles n'ont pas été du tout notées sur le papier, et c'est dans la machine elle-même en mouvement qu'il faut les observer pour les connaître et les comprendre.

Quelque chose de pareil s'est produit pour la Constitution américaine. A la longue, des interprétations qui s'accréditent, des pratiques accidentelles qui se répètent, des usurpations que l'opinion épouse, des abandons qu'elle prend au mot y ont formé, à côté du droit ancien et consacré, un droit complémentaire. Ces nouveautés n'ont été que rarement incorporées au droit constitutionnel et statutaire : elles se sont fixées, selon les circonstances, dans tel document collatéral et secondaire dont l'humilité n'avertit pas de leur importance et où l'on n'a pas de raison d'aller chercher des objets si considérables.

Parfois même elles n'ont pas été écrites du tout et sont restées à l'état de droit purement coutumier. De ce que la teneur de la Constitution et des lois organiques n'a pas changé sur un point depuis l'origine, on n'est donc pas fondé à conclure que sur ce point les choses elles-mêmes n'ont pas changé : on tomberait par là dans de graves erreurs. Sous cette identité et cette permanence trompeuse des textes, peut se produire et s'est produit en effet, çà et là, un travail de désintégration et d'intégration, que les jurisconsultes américains eux-mêmes n'ont pas toujours su démêler et reconnaître dans la littérature extraconstitutionnelle ou dans les coutumes non écrites où elle a laissé sa trace.

A plus forte raison aurions-nous peu de chances de l'apercevoir, si nous n'étions pas deux fois avertis. En France, en effet, il n'y a jamais eu d'évolution pareille ; aucune de nos constitutions n'a duré assez longtemps pour se déformer ou se compléter lentement par l'usage. Toutes se présentent avec le caractère de mécanismes neufs et luisants, sortant de l'atelier du constructeur et conformes de tout point au *modèle déposé*. Nous avons eu de fréquents changements dans l'ordre constitutionnel; mais c'est alors la machine tout entière qui a été changée en bloc, et tous les détails de la transformation ont pu et dû être enregistrés expressément dans des textes authentiques. Nous avons donc besoin de renoncer à une très-puissante habitude d'esprit pour imaginer que ces textes ne disent pas tout, et que beaucoup de traits essentiels se cachent dans des documents innomés ou dans une pratique connue des seuls hommes d'État.

Parmi ces évolutions, celle qu'a subie le mode d'élection du Président fournit un exemple plus d'une fois cité. Je ne le reprendrai pas. Un fait moins généralement connu fera mieux ressortir l'impossibilité de s'en tenir aux textes constitutionnels et statutaires. Je veux parler de l'évolution qui s'est produite sans bruit dans le caractère et les attributions de la plus haute branche du Congrès.

A toutes les époques, nos auteurs ont considéré essentiellement le Sénat fédéral comme une Chambre modératrice qui offre en même temps cette particularité de représenter l'intérêt municipal des différents États et qui exerce en outre un droit de contrôle préventif sur les actes les plus considérables du gouvernement : conclusion des traités, nomination des hauts fonctionnaires. Cette conception est aujourd'hui à peu près exacte et tend à le devenir davantage; elle a été longtemps très-différente de la vérité. Le Sénat a commencé par être essentiellement une diète de plénipotentiaires, à l'imitation et par une sorte de prolongement du Congrès continental, et, en outre, un conseil exécutif, selon le type des Assemblées qui, sous ce même nom, assistaient originairement le gouverneur dans la plupart des colonies de la Nouvelle-Angleterre.

Au commencement, le Sénat ne prenait pas lui-même très au sérieux ses fonctions de Chambre législative. Tout ce qui a été recueilli de la correspondance des sénateurs avec les assemblées locales prouve que, dans les premiers temps, ils se considéraient comme de simples fondés de pouvoirs, en relation constante avec des commettants dont la volonté était leur loi. Les expressions usitées dans les communications de plusieurs États à leurs mandataires au Congrès sont : « priés, invités » (*requested*) pour les représentants, « munis d'instructions » (*instructed*) pour les sénateurs. Au temps de Jackson, le sénateur Tyler, ne croyant pas pouvoir en conscience voter pour le rapport de la fameuse résolution relative à l'affaire de la Banque nationale, comme il en avait reçu le mandat de la législature de son État, donna sa démission. Un ambassadeur à scrupules n'agirait pas autrement. En 1828, le Sénat discuta un bill dont l'objet était d'établir des droits protecteurs sur le chanvre. La proposition était très-favorable au Kentucky, et la législature de cet État suivait de loin la discussion avec un vif intérêt[1]. M. Rowan, sénateur du Kentucky, s'éleva avec force contre cette entreprise protectionniste. En terminant son discours, il ajouta : « On pourrait supposer, d'après ce que j'ai dit, que je voterai contre le bill; mais je n'ai pas le droit de substituer mon opinion individuelle à celle de mon État. » On rencontre des cas du même genre jusqu'à notre temps; mais ils deviennent de plus en plus rares. La dépendance diploma-

[1] V. Benton, *Thirty years in Congress.*

tique cède graduellement la place à une quasi-indépendance parlementaire, et les caractères, d'abord très-effacés, d'une seconde Chambre prévalent d'année en année sur le type, d'abord très-marqué, d'une conférence internationale.

Par une évolution correspondante, les mêmes caractères finissent par prévaloir aussi sur ceux que le Sénat emprunte à ses fonctions de conseil exécutif. En 1789, le Sénat se conçoit bien moins comme une branche de la législature que comme une sorte de conseil d'État associé à l'exercice du pouvoir présidentiel [1]. Il ne compte alors que vingt-six membres : il est donc à la fois moins apte qu'aujourd'hui à fournir une ample délibération sur les lois, plus apte à diriger lui-même les affaires. Il fait son occupation principale

[1] WELLING, cité par Francis LIEBER (*On civil liberty*).

de collaborer avec le chef de l'État pour la nomination des ministres, le choix des ambassadeurs et la rédaction des traités. Il laisse à la Chambre des représentants presque toute l'activité législative ou proprement parlementaire.

Un document négligé, on pourrait presque dire ignoré, les anciens *standing orders* du Sénat, fournissent la preuve irrécusable de cette réserve volontaire. On y voit que pendant cinq années la haute Assemblée s'abstint d'avoir des séances publiques. Quand elle délibérait dans sa capacité exécutive ou diplomatique, c'est-à-dire quand elle discutait des questions de personnes ou le texte d'un traité, le secret était de stricte convenance. Même aujourd'hui, ces sortes de délibérations — on comprend aisément pourquoi — ne sont pas publiques. Au contraire, les délibérations d'ordre législatif et financier ne s'accommodent pas du huis clos; elles n'ont leur valeur qu'à la condition d'être entendues au dehors. Si pourtant on les tenait secrètes, c'est qu'elles étaient considérées comme une fonction accessoire du Sénat pour laquelle on jugeait superflu de faire les frais d'une règle spéciale. C'est le 20 février 1794 seulement que le Sénat consentit à ouvrir ses portes au public. Encore y mit-il quelque hésitation; plus d'un membre de la haute Assemblée estimait qu'elle sortait ainsi de son rôle mystérieux de conseil et de confident du Pouvoir exécutif.

Aussi, même après ce premier pas, le Sénat resta plus de vingt-cinq ans sans se munir de ce que l'on pourrait justement appeler en Amérique les organes de la fonction législative, je veux dire les comités permanents. Dès 1799, la Chambre des représentants avait senti la nécessité de ces organes, et elle en avait créé un certain nombre, — cinq, je crois, — rapidement portés à neuf, puis, par des additions successives, à quarante ou cinquante. Chaque bill considérable trouvait là une commission toute formée et compétente pour l'examiner, le rapporter, le discuter devant la Chambre. En outre, c'est par ces comités, on le verra tout à l'heure, que le législatif communique tant bien que mal avec l'exécutif, et qu'une action plus ou moins régulière s'exerce de l'un sur l'autre. Le Sénat, bien après le commencement du siècle, jusqu'en 1816, resta sans comités permanents : c'est seulement pendant la seconde session du quatorzième congrès que, s'éveillant enfin à l'importance de sa fonction législative, il s'avisa d'imiter en ce point la Chambre des représentants. Ses délibérations pouvaient dès lors avoir plus d'ampleur et d'intérêt; il avait une quarantaine de membres; il en a aujourd'hui près du double. L'évolution qui a dégagé en lui la Chambre législative latente n'a donc pu que se poursuivre et se compléter.

On voit combien il est indispensable de faire acception du temps, et à quelle insuffisance d'information est exposé l'observateur qui ne consulte que les textes officiels.

Pendant les premières années de l'Union, on s'accordait pour prédire à la Chambre des représentants les brillantes destinées de la Chambre des communes anglaise. On se réglait sur une analogie tout extérieure. Si l'on y avait regardé de plus près, on aurait discerné que, dans l'esprit comme par les termes de la Constitution, c'est au Sénat que devait appartenir la prépondérance. Mais le Sénat lui-même cédait au préjugé; les *standing orders* que j'ai cités gardent la trace des hésitations et des scrupules qui ont longtemps retenu la haute Assemblée fort en deçà de sa compétence constitutionnelle.

On voit aussi comment le Sénat a peu à peu repris sur la Chambre le terrain délaissé que celle-ci avait d'abord occupé à son défaut. Ce n'est pas moins qu'une transformation profonde, un déplacement marqué de l'autorité et de l'influence, un changement décisif dans l'équilibre des pouvoirs, qui s'est accompli sans que la Constitution en porte la marque. Et, d'autre part, ce n'est pas, comme on pourrait le croire, à la Chambre représentative des États et à l'esprit municipal qui s'y incorpore, que cette modification a surtout profité. Dans l'intervalle, le Sénat s'était rapproché de plus en plus du type d'une seconde Chambre législative et s'était imprégné très-sensiblement d'esprit national. Toute cette évolution si complexe et si nuancée resterait voilée à celui qui n'aurait eu que les textes constitutionnels et statutaires pour en déterminer la courbe, et qui n'aurait pas su chercher des éclaircissements dans les documents collatéraux dont j'ai signalé l'importance.

Le droit de priorité de la Chambre en matière financière donne lieu à des remarques du même genre.

Le texte constitutionnel originairement proposé dans la Convention de Philadelphie établissait que les bills *for raising or appropriating money*, c'est-à-dire tant les bills de recettes que les bills de dépenses, passeraient d'abord par la Chambre. Le texte finalement adopté ne laissa subsister ce privilége que pour la première catégorie de bills (*for raising revenue*). Néanmoins l'usage, aussi ancien que la Constitution même, est de présenter en premier à la

Chambre non-seulement les bills de recettes, mais tous les bills généraux d'appropriation. La pratique a donc restauré dans son entier, au profit des représentants, le droit de priorité qu'une disposition expresse et calculée ne leur avait accordé qu'en partie.

Mais, d'autre part, ce droit, dont le législateur avait voulu faire un avantage pour la branche populaire du Congrès est devenu pour elle, qui le croirait? une cause d'infériorité et de moindre influence en matière financière. C'est l'effet du règlement que la Chambre elle-même s'est donné.

Voici ce qui se passe.

Les bills de finances votés par les représentants sont renvoyés au Sénat, qui peut les amender. Le Sénat use très-largement de ce droit d'amendement; il en a quelquefois abusé. Quand un bill de finances modifié par le Sénat revient à la Chambre, c'est ordinairement à une époque avancée de la session. Or il est de règle que la Chambre ne prenne même pas connaissance des amendements du Sénat; elle refuse d'y adhérer sans les entendre. Le Sénat les maintient, et l'on renvoie le bill, d'un commun accord, à une conférence mixte formée de trois représentants et de trois sénateurs. Cette commission examine, discute, élabore une transaction, et la soumet avec son rapport aux deux branches du Congrès. Croit-on qu'à ce moment une discussion de détail s'engage à la Chambre? Point du tout. Aux termes des règlements en vigueur dans les deux branches du Congrès, aucune motion tendant à *amender* les conclusions du rapport ne peut être reçue et mise aux voix par le président. La Chambre, comme le Sénat, doit accepter ou rejeter le tout, tel qu'il est sorti de la délibération de la conférence. Si, par exception, la Chambre rejette, une nouvelle conférence se réunit, fait un nouveau rapport, et, cette fois, il est bien difficile que la Chambre, pressée par le temps, ne cède pas, surtout dans les années où son existence prend fin le 4 mars.

On voit sans peine l'immense avantage que cette procédure ménage au Sénat[1]. Tandis que toutes les clauses qui ont pris naissance à la Chambre sont amplement, sérieusement, efficacement discutées dans le Sénat, les amendements qui prennent naissance dans le Sénat ne sont presque jamais discutés dans la Chambre; cette Assemblée ne les connaît pour ainsi dire pas. Elle ne connaît que les conclusions d'une commission mixte où elle n'est

[1] V. à ce sujet un article de M. le Sénateur Hoar dans la *North American Review* de février 1879.

représentée que par trois de ses membres et qui a délibéré hors de sa présence ; elle se prononce en bloc sur ces conclusions, et non pas en particulier sur chaque amendement. Il suffit que les trois sénateurs membres de la commission montrent un peu de ténacité pour que la majorité des modifications recommandées par le Sénat soient conservées dans le texte dit de conciliation que les représentants seront, faute de temps, amenés à ratifier. En général, la haute Assemblée et ses délégués — il faut leur rendre cette justice — n'ont pas poussé leurs avantages à l'extrême.

La condition où se trouve très-généralement la Chambre des représentants des États-Unis, en ce qui concerne le budget amendé par le Sénat, ressemble à celle qui est faite, très-généralement aussi, à notre Sénat, saisi seulement dans les derniers jours de l'année de la loi de finances votée par la Chambre, et obligé de la voter en hâte pour ne pas rendre inévitable l'expédient des douzièmes provisoires. Aussi un homme d'État distingué des États-Unis pouvait-il dire en 1880 que tous les efforts faits par la Chambre des représentants en 1832, en 1856 et en 1870 pour défendre son droit de priorité contre les entreprises du Sénat avaient été au détriment de son égalité législative. Elle aurait gagné à laisser tomber un privilége dont le bénéfice effectif appartient à l'autre Chambre. C'est ce dont on ne se douterait pas si l'on se contentait de lire le texte même de la Constitution.

V

On a vu les précautions à prendre pour *connaître* la constitution américaine dans toutes ses parties et dans son exacte teneur. Il ne faut pas moins de soin pour *comprendre* l'agencement de tous ses rouages, pour suivre le mécanisme dans sa marche régulière et pour le juger d'après ses effets.

La première impression que laisse une étude impartiale du sujet est que la constitution fédérale présente des vices de construction graves, et que c'est une machine très-imparfaite qui se brisera au premier tour de roue. Le principal objet d'une constitution doit être, ce semble, d'établir le concert entre les pouvoirs, de prévenir les conflits violents, d'empêcher du moins que ces conflits ne se perpétuent, et de ménager à cette fin des moyens de résolution pacifiques et prompts : le texte fédéral semble avoir pris à tâche de faire naître ces conflits, de les organiser, de les envenimer; il en multiplie les occasions, il en prolonge à plaisir la durée.

De tout temps et en tout pays, on s'est préoccupé particulièrement de créer et de maintenir l'accord entre le parlement et le pouvoir exécutif. C'est là, en effet, un point capital. En Angleterre, notamment, on s'est efforcé d'abord de rapprocher les deux pouvoirs, de leur trouver des points de contact; on a enté l'un sur l'autre pour ainsi dire, et, prévoyant que l'harmonie pourrait néanmoins être troublée, on a préparé des moyens expéditifs de la rétablir dans le sens indiqué par la volonté du peuple. La Convention de Philadelphie, pénétrée jusqu'à la superstition de la théorie de Montesquieu, a mis tous ses soins à tenir les pouvoirs séparés. Les routes qu'elle leur a tracées sont invariablement parallèles; elles ne se croisent nulle part. Ils peuvent se voir, se menacer du regard ou avec une voix lointaine; mais il n'y a pas de carrefour où ils puissent se rencontrer, se prendre corps à corps et engager une lutte qui laisse à l'un d'eux l'avantage et le dernier mot.

En Angleterre, les ministres sont membres des Chambres et dirigent tout le travail législatif. Il n'y a rien de plus raisonnable. Ce sont eux, en effet, qui connaissent le mieux les nécessités et les difficultés du gouvernement; ils voient plus clairement que les autres les lois qu'il est expédient de faire. C'est sous leur responsabilité que les mesures votées s'exécutent; ils se garderont d'en laisser présenter d'inconsidérées et de fâcheuses. — En Amérique, les ministres n'ont pas entrée au Congrès. Le Président et ses conseillers ne communiquent avec les Chambres que par des messages et des comptes rendus écrits. Le Président, dit le texte, peut adresser de temps en temps au Congrès des informations et appeler son attention sur les mesures nécessaires ou utiles. Mais ces propositions ou plutôt ces motions, ni le Président, ni les ministres ne peuvent les suivre dans l'enceinte des Chambres, les convertir en bills formels, les soutenir avec l'autorité qui s'attache à la parole d'un gouvernement responsable, dissiper les malentendus, écarter les amendements qui vont contre le but de la loi, modifier eux-mêmes le texte au cours du débat selon les impressions qui se font jour dans l'Assemblée. Toutes ces conditions d'un travail législatif mûri, judicieux, conséquent, leur sont refusées. Ils ne peuvent se faire entendre qu'à la cantonade.

Lorsque les ministres peuvent être membres des Chambres, il devient très-vite de règle qu'ils en soient toujours membres et, mieux encore, qu'ils soient les mêmes personnes que les chefs de la majorité parlementaire. C'est ce qui s'est passé en Angleterre. Dans la forme, c'est toujours le prince qui les nomme; en réalité, ils sont choisis par le plus éminent d'entre eux, qui est lui-même désigné plus ou moins expressément par la majorité de la Chambre des communes. Il va de soi que les ministres que cette majorité a portés au pouvoir se font scrupule de rester en fonction lorsqu'elle les abandonne. Le moindre signe de défiance suffit pour qu'ils se retirent. Personnages considérables, chefs obéis, orateurs admirés, ils mettent leur honneur à ne pas se laisser dire deux fois qu'ils ont cessé de plaire. En cas de dissidence, la résolution du conflit ne se fait pas attendre. Les ministres frappés par un vote contraire se démettent; ils cèdent la place à d'autres ministres d'une opinion plus conforme à celle de la majorité ; l'harmonie règne de nouveau entre les pouvoirs.

Ce mécanisme infiniment sensible de la mise en minorité, les États-Unis ne le connaissent pas; aucune des deux Chambres n'a le pouvoir de renverser les ministres. C'est que le ministère n'est pas ici un conseil d'hommes politiques, c'est un simple comité de directeurs généraux, la tête mobile d'une bureaucratie. Ces personnages administratifs n'ont pas affaire aux Chambres; ils ne dépendent pas d'elles, ils dépendent du Président. Un vote de défiance ne les émeut pas, tant qu'ils ont la confiance de leur chef. C'est même un devoir de convenance pour eux de se serrer autour de lui quand le Congrès se montre hostile; d'ailleurs, aucune des mesures présentées au Parlement ne porte leur nom; ils ne sont intervenus personnellement dans aucun débat. Une démonstration parlementaire ne les atteint ni dans leur amour-propre d'orateurs, ni dans leur responsabilité d'hommes d'État. Le Congrès a bien contre eux un moyen d'action; c'est une accusation criminelle suivie d'une condamnation à la majorité des deux tiers. Mais c'est là une arme pesante et peu maniable qui, sauf le cas de trahison patente, n'est bonne qu'à dormir au mur dans le musée des antiquités constitutionnelles. Ils peuvent donc se maintenir contre le gré des Chambres et engager le pays dans des voies qu'elles désapprouvent, pourvu que le Président soit d'accord avec eux, et cet accord pourrait à la rigueur se prolonger pendant tout un terme présidentiel, c'est-à-dire quatre ans de suite. C'est, à ce qu'il semble, le conflit en permanence organisé par la Constitution elle-même.

Une Chambre systématiquement hostile, qui ne peut pas renverser le gouvernement, peut l'empêcher de gouverner en lui refusant les lois ou l'argent dont il a besoin. Dans ce cas, la constitution anglaise a ménagé un autre moyen de rétablir l'accord; c'est la dissolution du Parlement, suivie d'élections nouvelles. — Ou bien la majorité ancienne est conservée, ou bien elle fait place à une majorité nouvelle favorable aux ministres : selon l'événement, ceux-ci restent au pouvoir ou se retirent. Six semaines suffisent pour que l'entente existe de nouveau entre la Chambre des communes et le cabinet. — En Amérique, le ministère n'a pas la ressource d'en appeler au pays et de s'enquérir des préférences populaires. Il est forcé d'attendre que les pouvoirs de la Chambre, nommée pour deux ans, soient expirés, et que le Sénat lui-même, renouvelable par tiers en six ans, ait passé par une ou deux élections. Lié, pendant tout ce long intervalle, à des Assemblées malveillantes, exposé à voir tous ses actes pris en mauvaise part, obligé de se passer des lois qu'il juge les plus nécessaires, il se résigne généralement à vivre de régime; il calcule tous ses mouvements de manière à ne pas soulever d'orages; il renonce aux projets pour lesquels un gouvernement a besoin qu'on lui fasse d'abord un peu crédit et qu'on lui accorde le bénéfice du temps. Sa politique devient pâle, expectante, de courte portée.

Jamais, à ce qu'il semble, on n'a dépensé plus d'art à rendre possible l'existence et à prolonger la durée d'un gouvernement faible et partagé, dévoyé et décrié, d'un gouvernement qui ne veut pas ou qui ne peut pas faire la volonté de la nation.

La théorie de la séparation des pouvoirs souffre pourtant en Amérique plusieurs exceptions. Je n'en retiendrai que deux, qui sont en elles-mêmes si singulières, en contradiction si flagrante soit avec le principe des institutions, soit avec les nécessités pratiques les plus évidentes, que leur conservation séculaire paraît d'abord inexplicable.

La constitution américaine de 1789 a voulu que le pouvoir exécutif fût maître chez lui : il semble donc qu'elle aurait dû lui réserver le libre choix de tous ses agents et plus particulièrement de ses ministres. Point du tout; ces ministres qui, une fois nommés, seront hors du contrôle des Chambres, ne peuvent être choisis qu'avec l'assentiment de l'une d'elles, le Sénat. Et ce n'est même pas sur la composition du ministère en bloc que se prononce la haute Assemblée. Les noms lui sont soumis individuellement pour chaque fonction; elle peut agréer l'un, rejeter l'autre, déconcerter toutes les combinaisons du pouvoir responsable. Ce n'est plus là le contrôle politique dans son ampleur; ce sont des questions de personnes avec leurs petitesses. C'est assez pour gêner, taquiner, énerver, ce n'est pas assez pour exercer une haute et salutaire influence. Quant à l'autre Chambre, à la Chambre populaire, elle n'a d'action ni avant ni après. Le gouvernement se constitue dans une sphère où elle n'est point admise à pénétrer. Pourquoi, si le

Sénat intervient, la Chambre des représentants est-elle laissée à l'écart? Cela s'explique par certaines raisons que nous aurons tout à l'heure l'occasion de définir en traitant de l'esprit de la Constitution. Mais pourquoi, si l'intervention du Sénat a quelque prix, ne peut-elle pas se renouveler et corriger au besoin l'erreur d'un premier choix?

Plus surprenante encore est la seconde exception dont j'ai parlé. Le Président prépare les traités; il en débat les conditions avec les gouvernements étrangers; il les signe. Mais, tandis qu'en Angleterre, par exemple, le traité est complet et parfait par la signature du prince, la constitution des États-Unis exige en outre une délibération approbative du Sénat, et, dans cette délibération, il ne faut pas moins qu'une majorité consentante des deux tiers pour que le traité soit ratifié [1]. Ainsi voilà un tiers plus un de l'Assemblée qui aura à lui seul licence de tenir en échec à la fois et les deux autres tiers et le pouvoir exécutif, Président et ministres, en un mot tout le gros des pouvoirs publics. Ce tiers, à lui seul, pourra mettre à néant l'œuvre d'une majorité tres-décidée et troubler les bons rapports de l'État avec une puissance étrangère disposée à la conciliation. Le *liberum veto* polonais n'était pas quelque chose de plus extraordinaire.

Enfin, pour que rien ne manque à la singularité de ce mécanisme constitutionnel, ce même traité, s'il est enfin voté, la Chambre populaire n'en sera pas saisie; elle le connaîtra au même titre que les simples citoyens. Le Président et le Sénat pourront céder ou annexer un territoire,

[1] Le traité de 1795 avec l'Angleterre ne passa qu'à la majorité constitutionnelle stricte (aux deux tiers).

par exemple, et le fait ne point figurer dans les délibérations de la Chambre des représentants, pourvu qu'il n'y ait pas à cette occasion d'argent à verser ou à recevoir. Encore faut-il ajouter que même si le traité contient des clauses entraînant une charge pour les finances publiques, il est de règle, depuis Washington, que la Chambre ne discute pas le texte adopté par le Sénat, l'accepte en silence comme un fait accompli et vote simplement les fonds nécessaires [1].

Accoutumés, comme nous le sommes en France, à concevoir une constitution comme une œuvre philosophique où tout se déduit d'un principe, comme une œuvre d'art dont l'ordonnance et la symétrie doivent être parfaites, comme une machine savante dont l'épure doit être si exacte,

[1] V. de Chambrun, *le Pouvoir exécutif aux États-Unis*.

l'acier si fin et si résistant, que les moindres heurts ne semblent pas possibles, nous restons confondus devant cette ébauche où les disparates et les incorrections abondent, devant ce mécanisme grossier et taillé au couteau en quelque sorte, et nous nous demandons par quelle opération mystérieuse tout ce qui devrait produire l'accident perpétuel, l'arrêt, la dislocation, a pu aboutir, au contraire, à une marche régulière, inoffensive et même satisfaisante.

L'opération est moins mystérieuse qu'il ne paraît d'abord. Qu'on se figure un moteur confié à des machinistes chez qui le sang-froid et la dextérité sont des qualités de race. Supposons, de plus, que ce moteur soit quelque chose de spécial et d'à part, et que le plus grand nombre des métiers installés dans l'usine reçoivent leur impulsion de moteurs secondaires indépendants. Supposons enfin que l'usine soit établie en rase campagne, loin des autres usines et des agglomérations humaines. Beaucoup de précautions, nécessaires ailleurs, deviendront superflues. On pourra s'épargner mainte prohibition, mainte mesure préventive, et ce sera même un sage calcul de laisser subsister dans l'appareil certaines causes d'irrégularité ou de ralentissement si, à ce prix, on s'assure des avantages d'un autre ordre; car il n'est pas à craindre que la marche d'ensemble en soit sensiblement troublée.

Je viens précisément de citer un exemple de ce que peut la sagesse des hommes politiques pour atténuer l'effet d'une disposition constitutionnelle vicieuse. On a vu que la Chambre des représentants avait dû renoncer, du temps de Washington, à discuter les termes d'un traité conclu par le Président avec l'aveu du Sénat. Depuis, elle a eu la sagesse de ne pas soulever de nouveau le conflit d'une manière aiguë, et d'accepter l'interprétation qui appauvrissait si gravement sa compétence. Il y a là un degré d'abnégation dont peu d'Assemblées populaires du continent européen auraient été capables.

Pareillement, le Sénat, investi par la Constitution d'un droit de *veto* sur le choix des secrétaires d'État, s'est fait une règle constante, — dont il ne s'est guère écarté que dans des périodes de crise et de lutte inexpiable, — de ratifier purement et simplement les propositions du Président, même lorsque celui-ci est d'un autre parti que la majorité de l'Assemblée. Une majorité qui n'abuse pas de ses attributions contre un adversaire, un corps représentatif qui reste discrètement en deçà des droits que la Constitution lui assigne, un corps législatif qui comprend et respecte à son propre désavantage les conditions d'existence du gouvernement, voilà trois miracles qui supposent plus de sagesse qu'on ne s'attend à en rencontrer dans une démocratie à outrance.

Je citerai un dernier exemple ; ce sera en même temps une illustration de plus de cette sorte de droit coutumier qui sert de complément et de correctif au droit écrit.

J'ai rappelé que les ministres américains n'ont pas entrée au Congrès, et l'on peut s'étonner qu'une séparation si complète de l'exécutif et du législatif n'ait pas été plus nuisible à la bonne direction des affaires. Cela tient, entre autres raisons, à une pratique qui s'est établie dans le Sénat et à la Chambre, qui n'a été sanctionnée impérativement par aucun texte et qui n'est même pas consignée, celle-là, dans les *standing orders.* Elle est purement coutumière et non écrite. On pressent déjà que parmi les comités permanents dont j'ai parlé tout à l'heure, il y en a un qui correspond à chaque département ministériel. Le secrétaire d'État qui a l'intention de faire présenter un bill commence par s'entendre avec les présidents des comités compétents au Sénat et à la Chambre. Chacun de ces présidents est pour le département ministériel correspondant comme un titulaire du dehors, ou, si l'on veut, comme un conseil dont l'avis doit être pris avant toute démarche; parfois même, si l'un d'eux est d'une capacité hors de pair, il devient le ministre effectif. C'est ce qui est arrivé à l'illustre président du comité des relations étrangères du Sénat, M. Sumner : la politique extérieure de l'Union a été dirigée par lui pendant toute une longue période.

L'organisation n'en reste pas moins très-vicieuse. Car d'abord ces présidents sont deux, et il peut arriver qu'ils ne s'entendent pas; il peut arriver aussi qu'ils soient l'un et l'autre des adversaires de l'administration, et qu'ils n'accueillent aucun projet inspiré par elle. Il suffirait, ce semble, d'une seule de ces deux dissidences pour que les affaires fussent absolument entravées. La sagesse du Congrès a pourvu de bonne heure à ce que ces fâcheux désaccords se produisent le moins souvent possible. En **1841**, je trouve que l'usage est établi dans les deux Chambres : premièrement, que tant les commissions spéciales que les comités permanents correspondant aux départements ministériels, soient composés en majorité de membres du parti du gouvernement, plus une minorité notable prise dans l'opposition; secondement, que l'auteur d'une proposition de loi soit toujours appelé à la présidence de la commission spéciale chargée de l'examiner et de la rapporter. Cette année-là même, le président *pro tempore* du Sénat ayant nommé une commission partiale et toute formée des membres de l'opposition, est vivement rappelé à l'ordre par un homme considérable, M. King, qui témoigne avec autorité de la pratique contraire, presque immémoriale, suivie par la haute Assemblée [1].

Ainsi, cet abîme des incompatibilités qui séparait le gouvernement et le Congrès n'est plus absolument infranchissable. D'abord un gué a été ouvert à l'endroit des comités permanents; puis, de l'autre côté du gué, une plage favorable a été préparée, afin que les ministres puissent sans difficulté faire aborder leurs mesures

[1] Benton, *Thirty years in Congress.*

en terre parlementaire. Après qu'un de leurs amis les a présentées, elles sont tout d'abord accueillies de bonne grâce, examinées avec faveur dans une commission compétente, où dominent leurs partisans, et c'est sur le rapport de cette commission qu'elles sont soumises au jugement décisif de la Chambre[1].

Une pratique qui suppose un degré si extraordinaire de modération et de sagesse n'a pas résisté à l'esprit de parti, autant du moins que j'en puis juger. J'ai sous les yeux la composition de tous les comités du Sénat, en 1877. La haute Assemblée était alors démocrate, l'administration, au contraire, était républicaine. Or la majorité, dans tous les comités sénatoriaux permanents, avait été donnée au parti démocrate. Ceci du moins était demeuré

[1] BENTON, *Thirty years in Congress.*

de l'ancienne pratique, que la minorité gouvernementale dans ces comités était aussi forte qu'elle pouvait l'être sans cesser d'être la minorité, invariablement la moitié moins un, et que les membres appelés à y siéger étaient obligatoirement les plus anciens, les plus expérimentés, par conséquent les plus modérés, les plus dégagés des passions qui engendrent l'opposition systématique[1]. Sans surfaire l'importance de ces curieux tempéraments, sans méconnaître l'instabilité du droit coutumier qui les consacre, j'estime qu'on ne se ferait pas une idée juste des effets qu'a produits en Amérique l'incompatibilité des fonctions de ministre et du mandat parlementaire, si l'on se contentait sur ce point de la simple affirmation brutale et catégorique contenue dans les textes

[1] La même observation a pu être faite sur les comités du Sénat et de la Chambre organisés en 1881.

constitutionnels, et si l'on ne faisait pas acception des dons de prudence, de mesure, d'esprit politique qu'une longue pratique parlementaire, sur le sol britannique, avait fixés dans les instincts et pour ainsi dire dans le sang de ces émigrants dont la postérité peuple aujourd'hui les États-Unis.

Remarquons, au reste, que, même si ces qualités si rares avaient fait défaut, rien d'essentiel n'eût été compromis. Les résultats de tous les vices de structure que j'ai signalés peuvent, en effet, se ramener à un seul : la faiblesse, non pas seulement de l'exécutif, comme le dit Bagehot, mais de l'exécutif et du législatif, de tous les organes du gouvernement central indistinctement. Or cette faiblesse, les Américains n'ont presque pas l'occasion d'en souffrir; tout le train ordinaire de la politique intérieure est mené par les gouvernements d'États; ceux-ci suffisent à la tâche. Bien plus, on appréhenderait de rendre le gouvernement central plus homogène, plus cohérent, plus *un* dans ses mouvements. Que sait-on? Il serait peut-être tenté de faire emploi de sa force; l'autonomie des États serait menacée. Les Américains aiment encore mieux se résigner à certaines défaillances des pouvoirs fédéraux et n'avoir rien à craindre pour cette autonomie provinciale qui est à leurs yeux le premier des biens.

On voit qu'il serait très-peu pertinent de considérer comme la marque d'une excellence générale et théorique le jeu tranquille des mécanismes dont le vice vient d'être signalé, et de chercher dans l'acquiescement des intéressés en Amérique un encouragement à pousser jusqu'au même excès la séparation des pouvoirs dans un État unitaire. Les dispositions dont j'ai fait la critique n'ont en soi aucune espèce d'excellence, même locale. Aux yeux des Américains eux-mêmes, leur valeur est toute relative et même négative. Elles se recommandent non par le bien qu'elles font, mais par les périls qu'elles conjurent. Elles sont, pour tout dire en une phrase, le *moindre mal* dans un établissement fédératif; elles seraient le pire des maux dans un établissement centralisé.

VI

Une autre circonstance intervient ici, dont l'effet n'est pas moins considérable. Nous n'avons pas l'habitude de commencer l'étude des constitutions françaises par des considérations sur la géographie de la France. Peut-être cette étude préalable ne serait-elle pas sans fruit. C'est à coup sûr un fait grave et un ample sujet de réflexions pour le jurisconsulte et pour l'homme d'État que les deux pays où la liberté politique a fleuri spontanément soient tous les deux hors du contact des grandes puissances militaires de notre continent, l'un grâce à la sûreté de sa position insulaire, l'autre grâce à sa situation encore plus abritée au delà de l'Atlantique. Toute l'organisation de l'exécutif aux États-Unis se ressent de cette sécurité.

Dans tous les pays qui jouissent du régime parlementaire, même dans ceux où le souverain a qualité pour conclure un traité sans les Chambres, le cabinet qui dirige la politique extérieure est incessamment sous la menace d'une interpellation. Au cours d'une négociation, les questions se multiplient. Les ministres savent que, le traité signé et rendu public, si la Chambre estime qu'ils se sont trompés, s'ils n'ont pas entendu comme elle l'intérêt du pays, le pouvoir sortira de leurs mains. On a jugé qu'il ne fallait pas moins pour leur inspirer une circonspection qui est ici quelque chose d'essentiel et de vital. Aux États-Unis, l'extrême éloignement des grandes puissances rend mainte imprudence inoffensive. Cette impunité a ôté en partie aux Américains le souci de rendre leurs hommes d'État circonspects. C'est pour cela qu'ils ont pu sans péril les dispenser d'être appelés, en quelque moment que ce soit, à rendre compte de leurs démarches et les affranchir de toute intervention parlementaire au cours d'une négociation. Voilà comment, d'autre part, ils ont cru pouvoir sans inconvénient imposer à leurs négociateurs la perspective gênante d'un contrôle final et secret par une Assemblée où ils ne siégent pas, où ils n'ont ni ce crédit, ni cette influence, ni cette autorité que des ministres parlementaires peuvent invoquer à l'appui de leur œuvre diplomatique. Aux États-Unis, le secrétaire d'État pour les affaires étrangères est moins contrôlé qu'en Angleterre dans son action quotidienne, moins gardé contre sa propre témérité, et en même temps il est particulièrement mal placé pour négocier efficacement, puisqu'il est forcé de demander au gouvernement avec lequel il traite, de se lier d'une manière absolue vis-à-vis d'un contractant qui n'est pas lié de la même manière et qui aura la ressource de se dégager par le simple vote d'une Chambre délibérant à huis clos.

M. Gladstone, dans un débat soulevé

à l'occasion d'une motion de M. Rylands [1] tendant à soumettre tous les traités aux Chambres avant ratification, a indiqué tous ces vices du système et montré que s'ils étaient tolérables aux États-Unis à cause de l'isolement géographique de cette puissance, ils deviendraient funestes dans les États étroitement rapprochés qui forment la famille européenne. Bagehot a fait voir mieux encore que le système est très-défavorable à la bonne gestion des affaires extérieures et au développement des qualités de l'homme d'État, et que s'il a pu subsister, c'est à cause de la distance énorme qui sépare l'Amérique de notre continent [2].

[1] Voir la discussion à la Chambre des communes du 15 février 1873.

[2] « They suffer from want of atmospheric pressure, of some moral coercion to compel them to consider more carefully what they are doing and saying, of some interest in the remote consequences of their action. They seem to think a stern rebuke to a friendly state followed by armed

Pareillement, presque tous les peuples qui ont des voisins armés et redoutables ont considéré comme un mal inévitable, comme le moindre mal, que le chef de l'État ait une autorité considérable, des moyens d'action efficaces, que l'obéissance à ses ordres soit machinale et prompte, afin qu'il puisse à un moment donné concentrer dans ses mains toutes les forces du pays et les opposer aux dangers extérieurs. Là où une frontière étendue est ouverte à l'invasion, la centralisation et les armées permanentes sont jusqu'à un certain degré dans la force des choses; le despotisme est toujours sur le point de naître et la constitution s'épuise, pour le prévenir, en combinaisons dont l'insuffisance se trahit toutes les fois qu'elles ne

preparation a mere detail with which no one has any concern, which needs ne explanation and which can be smoothed away by a brief denial that a particular despatch was ever sent to the foreign court. » BAGEHOT, « Economist ».

sont pas aidées par beaucoup de sagesse et par un rare bonheur.

La tâche a été plus aisée pour les États-Unis. Ils sont la seule grande puissance de leur continent. La dispersion des forces, la difficulté de les rallier rapidement y sont des inconvénients sans être des dangers. La constitution les a légèrement atténués; elle ne s'est pas préoccupée passionnément de les faire disparaître. Voilà comment la part des États particuliers a été faite si large, si étroite celle des pouvoirs fédéraux et notamment de l'exécutif. Voilà pourquoi les proportions du partage n'ont pas varié notablement depuis l'origine. Que le Canada se fût peuplé plus rapidement, que les républiques espagnoles eussent été plus stables et plus capables d'une entente, la constitution aurait rapidement décliné vers quelque système plus ou moins centralisé comme celui qu'Hamilton proposait dans la Convention de Philadelphie : par exemple, présidence à vie, moyens de contrainte plus efficaces à l'égard des États.

C'est par la même raison encore que l'élection du Président par le peuple[1], qui ailleurs aboutit presque infailliblement à la ruine du régime républicain, a pu être maintenue sans danger pour les institutions. Ici, la gloire militaire ne se confondait pas, dans les vagues instincts des masses, avec la sûreté des frontières, avec l'intégrité du territoire national. Les succès dans la guerre y étaient un luxe apprécié, non une nécessité vitale; l'amour-propre y trouvait une satisfaction, le patriotisme n'y voyait pas le salut de l'État. Sur notre continent, l'abdication empressée de la

[1] On sait que cette élection, telle que la constitution l'organise, est à deux degrés; mais la pratique a rétabli, par le mandat impératif, l'équivalent de l'élection populaire directe.

population civile en faveur d'une dynastie énergique ou d'un général habile s'explique par les sentiments qu'entretenait la menace constante d'une agression étrangère; ces sentiments faisaient défaut en Amérique, et l'insolence prétorienne ne pouvait pas davantage se développer dans une poignée de soldats plus semblable à une gendarmerie qu'à une armée. A la vérité, les Américains ont montré autant et plus de goût que toute autre nation pour le renom et les oripeaux militaires; on a dit avec justesse qu'il n'y a pas une seule guerre des États-Unis qui n'ait fait son président. Sur vingt-quatre élections présidentielles, l'armée a fourni dix candidats heureux et un peu moins de candidats qui ont approché du succès. Dans un pays comme la France, ce concours dix fois répété des suffrages de la population civile et des acclamations d'une armée professionnelle animée par les souvenirs d'une victoire récente aurait soumis les personnages élus à des tentations trop fortes pour la faiblesse humaine et enfanté au moins deux ou trois Césars. Aux États-Unis, la population civile ne voyait dans ces présidents militaires que de braves serviteurs du pays; aucun, excepté le premier, n'avait pour elle le prestige d'un sauveur. Ces figures énergiques prêtaient généralement à la mise en scène électorale, et c'est une des raisons pour lesquelles on les choisissait volontiers comme candidats. Le goût anglo-saxon du sport et du mouvement en plein air prodiguait à cette occasion les démonstrations et les déclamations les plus vives. Il n'y avait derrière tout ce bruit ni un sentiment profond, ni un dangereux prestige. Les présidents ne s'y trompaient pas. D'ailleurs, la guerre finie, ils n'avaient plus l'armée derrière eux; elle était licenciée et se dispersait. Ils redevenaient, comme elle, des personnages civils; ce n'étaient plus des épées, ce n'étaient que des fourreaux.

Que le système de l'élection du Président par le peuple soit resté inoffensif, c'est donc un fait tout américain dont le sens et la portée sont étroitement limités par les conditions exceptionnelles qui résultent de la position géographique des États-Unis. Il serait téméraire d'invoquer cette expérience pour conseiller le même système à des peuples condamnés par leur mutuel voisinage à entretenir de grands établissements militaires et sujets à être perdus ou sauvés tour à tour par le génie ou l'incapacité d'un général. Là où un Scipion peut avoir l'occasion de monter au Capitole et d'y jurer que la patrie lui doit son salut, le choix de l'exécutif doit être confié à un organe moins sujet que les comices populaires aux mouvements réflexes de la peur, de l'espérance et de la gratitude.

VII

Nous avons dit qu'il ne faut pas moins de soin et de vigilance pour saisir l'*esprit* d'une constitution étrangère que pour s'en expliquer le mécanisme. Dans la Constitution qui nous sert d'exemple, l'erreur dont il faut le plus se garder consiste à prendre les États-Unis pour une démocratie selon le type français. C'est une démocratie, en effet; mais elle est née, elle a été organisée dans des circonstances si extraordinaires, les éléments qui la forment sont si exceptionnels, la force maîtresse qui la gouverne lui est si particulière, que bien souvent nous n'y reconnaissons presque plus la chose annoncée par le mot; beaucoup des traits que nous rencontrons à chaque pas sont même en contradiction flagrante avec les conditions du genre, tel que nous nous en faisons l'idée d'après notre propre expérience nationale.

Avant tout, il faut distinguer entre les institutions fédérales et les institutions des États.

Le texte de la Constitution des États-Unis, que nous rencontrons d'abord, a ceci de particulier qu'il est l'œuvre d'adversaires résignés et de partisans à demi découragés de la forme de gouvernement qu'il s'agissait d'établir. La Convention de Philadelphie nous présente le spectacle, tantôt d'autonomistes, de zélateurs de la prérogative des États, élaborant à regret une Constitution fédérale, tantôt d'admirateurs théoriques de la Constitution anglaise, de démocrates plus ou moins ébranlés dans leur foi, élaborant à regret une Constitution républicaine.

A n'écouter qu'une première impression, la Constitution fédérale pourrait être définie : l'organisation la moins démocratique possible d'une démocratie. On se rappelle que le texte en a été arrêté au milieu de désordres et de violences qui mettaient en question les résultats de la guerre de l'Indépendance. Le pessimisme avait gagné plus d'un ancien apologiste du régime populaire. De ce régime, on dirait que les constituants américains ont pris le moins qu'ils ont pu; ils en ont subi ce que leur imposait l'état d'une nation où manquaient les éléments historiques, économiques et sociaux qui forment la substance de l'aristocratie et de la monarchie. La démocratie a été ici plus ou moins un pis aller. On la rencontre à la base de la Constitution, parce qu'à ce niveau il n'y avait pas d'autre sol consistant où l'on pût asseoir l'édifice ; mais toute la superstructure, si je puis ainsi parler, porte l'empreinte de la tendance la plus étrangement antidémocratique qui ait jamais inspiré une Assemblée constituante.

La source directe ou indirecte de toutes les autorités fédérales est la volonté nationale exprimée par les élections. Je dis nationale et non pas populaire. La Constitution des États-Unis n'a rien fait pour assurer un caractère démocratique à la représentation ou à la délégation qui sont le titre des pouvoirs publics. Elle a laissé le soin d'en décider aux États particuliers : or presque tous étaient alors sous le régime du suffrage restreint pour l'élection de leurs propres Assemblées, et, dans plusieurs, ce sont les législatures locales, non le peuple, qui furent chargées de nommer les électeurs présidentiels. Au reste, le suffrage universel lui-même n'eût pas été en Amérique, à cette époque, ce que nous avons connu sous ce nom depuis 1848. Presque tous les colons, en 1789, étaient propriétaires ruraux ou pouvaient le devenir à leur volonté. Il n'y avait pas de grandes agglomérations urbaines et industrielles. Même le suffrage universel, pratiqué avec la garantie de la propriété et dans la paix de la vie rurale, eût été exempt de tous les périls de la démagogie. A plus forte raison n'avait-on rien à redouter du suffrage restreint, loi commune de la plupart des États.

La Convention de Philadelphie avait fait une concession plus marquée au principe de la démocratie en assignant des termes relativement courts au Président et aux deux branches du Congrès. Les membres dirigeants ne s'étaient résignés qu'avec peine à cette brièveté des mandats. Par compensation, ils avaient mis une ténacité et un art singuliers à empêcher que le peuple fût jamais appelé à intervenir, excepté à ces quelques dates fixes. Par exemple, si les candidats à la présidence ou à la vice-présidence ne réunissent pas la majorité absolue, ne croyez pas que l'on retourne devant le corps électoral : c'est dans le Congrès que la question est portée, c'est là qu'elle se tranche. Si le Président meurt au cours de ses fonctions, le peuple n'est pas appelé à pourvoir aux nécessités parfois très-graves et très-nouvelles de la crise ouverte par un tel événement. La succession du *de cujus* est recueillie par un fonctionnaire que le peuple a désigné en même temps que le Président, parfois deux ans, trois ans d'avance, c'est-à-dire à une époque où ces nécessités échappaient probablement à toute prévision et où l'événement lui-même n'était qu'une contingence vague dont on a pu ne pas tenir grand compte dans le choix du personnage. Cette désignation anticipée n'a qu'un objet : faire l'économie d'un appel au peuple. Et cela est tellement vrai que, regardant plus loin encore et prévoyant le cas où le Vice-Président lui-même disparaîtrait, la Constitution charge, non pas la nation, mais encore une fois le Congrès de désigner par une loi le fonctionnaire public, élu ou non élu, qui prendra la suite des plus hautes fonctions de l'État.

Le Vice-Président est d'ailleurs, de l'aveu unanime, un embarras. Issu des suffrages de toute l'Union, on ne peut guère lui donner d'influence politique sans qu'il en ait trop et sans qu'il devienne une gêne pour le Président nommé avec lui. On avait donc mainte raison de ne pas s'incommoder de ce dignitaire parasite. Eh bien, tout cela a paru un moindre inconvénient que de mettre en mouvement le corps électoral une fois de plus. On a fait du Vice-Président, selon le mot que Bonaparte a rendu célèbre, une espèce de porc à l'engrais : on a occupé son désœuvrement et masqué sa nullité politique en lui confiant la présidence du Sénat avec voix consultative.

Que l'on se rappelle les constitutions girondine et jacobine, élaborées en France à quelques années de là, et cette suite d'élections systématiquement multipliées, de plébiscites presque quotidiens dont elles avaient fait l'attribut caractéristique de la démocratie. Évidemment les pères de l'indépendance américaine ne ressemblent pas à nos constituants de 1789 ni à nos conventionnels de 1793 ; ils ont l'air de républicains malgré eux, de révolutionnaires entachés d'un esprit marqué de réaction, et, pour mieux dire encore, de démocrates à rebours.

Quoi qu'il en soit, les trois grands pouvoirs issus de l'élection sont nommés pour des termes inégaux et fixes : la Chambre pour deux ans, le Président pour quatre ans, le Sénat pour six ans avec renouvellement par tiers chaque année. Or ces termes, on a vu pourquoi tout à l'heure, ne peuvent en aucun cas être abrégés. Les trois pouvoirs sont souvent les organes d'intérêts divergents, les siéges de passions qui avancent ou retardent l'une sur l'autre; il est inévitable que des conflits se produisent assez fréquemment entre eux. S'ils s'obstinent chacun dans sa conviction, il n'y a aucun moyen légal de les réduire; le temps seul les dépossède. Cependant la nation est là, elle sait ce qu'elle veut ; ses préférences sont connues ; elle les signifie par les voies extraconstitutionnelles, par la presse, par les meetings. Peu importe : le pouvoir qui la brave est au-dessus de ses atteintes. Le peuple devra donc user de patience ; il attendra deux ans, trois ans, quatre ans même l'expiration des mandats par lesquels il s'est lui-même désarmé et devant lesquels sa toute-puissance est sans force. Voilà une démocratie singulièrement accommodante !

Trait plus saisissant encore. Dans le partage de l'autorité entre les trois pouvoirs que j'ai nommés, la Constitution a été d'autant plus large que le pouvoir qu'il s'agissait de doter sortait moins immédiatement des suffrages de la nation. — La Chambre des représentants est élue directement, suivant le mode de votation le plus populaire qui existe dans chaque État : or c'est elle, on l'a vu, qui a la moindre part d'influence; le choix des ministres, la conclusion des traités se font en dehors d'elle. Le Sénat est à peu près sur le pied d'égalité avec elle pour les attributions financières. — Le Président est choisi au second degré, ce qui est sensiblement moins démocratique; or le Président a beaucoup plus de pouvoir que la Chambre. — A la vérité, il est choisi au second degré par des personnes désignées *ad hoc*, ce qui implique des mandats impératifs de la part des électeurs primaires et virtuellement un retour à l'élection directe. Le Sénat, au contraire, est formé de membres délégués par les législatures locales, corps élus pour un temps fixe et en vue d'objets infiniment variés; ces corps ne subissent donc pas nécessairement la carte forcée de la part de leurs électeurs dans le choix des sénateurs fédéraux, et le suffrage reste indirect au fond comme dans la forme.

C'est un *minimum* de démocratie. Or la prépondérance politique appartient très-décidément au Sénat. On a prélevé pour lui quelque chose sur les attributions de tous les autres pouvoirs.

On voit que la gradation est exactement l'inverse de ce que réclamerait la logique rigoureuse des principes démocratiques.

J'ai nommé le Président, la Chambre des représentants, le Sénat; je n'ai pas nommé le pouvoir judiciaire fédéral. Celui-ci est à la nomination du pouvoir exécutif, non du peuple; en outre, il est inamovible et à vie. Conséquence inattendue : c'est ce pouvoir-là qui a le tout dernier mot dans les questions très-nombreuses où il a qualité pour intervenir. Le peuple souverain, après un peu de temps, vient à bout des autres pouvoirs; la Cour suprême échappe presque indéfiniment à ses prises. Vingt ans, trente ans peut-être, plus que deux fois le *grande mortalis ævi spatium*, elle pourrait impunément mésuser de son autorité, énerver pratiquement une loi votée par tous les autres pouvoirs, une politique acceptée unanimement par l'opinion populaire, mettre à néant une convention diplomatique régulière (comme cela s'est vu récemment) en la privant de sa sanction pénale, mettre la main sur des objets réservés à la souveraineté des États et les fédéraliser sans que nul puisse y faire obstacle; car elle règle elle-même et sans recours sa compétence à l'encontre des tribunaux locaux. C'est une des maximes de Blackstone que, dans toute constitution, il y a un pouvoir qui garde sans être gardé, qui contrôle et n'est pas contrôlé, et dont les décisions sont suprêmes. Ce pouvoir est représenté, dans la société américaine, par une petite oligarchie de neuf juges inamovibles. Je ne connais pas d'antinomie politique plus frappante que cette suprématie d'une autorité non élue dans une démocratie réputée du type le plus extrême, d'une autorité qui ne se renouvelle que de génération en génération dans ce milieu instable qui change d'année en année, d'une autorité enfin qui pourrait à la rigueur, au nom d'un mandat moralement périmé, perpétuer les préjugés d'une période close et porter un défi, dans la sphère politique même, à l'esprit transformé de la nation. On sait que le quatrième président de la Cour suprême, John Marshall, resta en fonction trente-cinq ans !

VIII

On aurait tort toutefois d'induire de ce qui précède que l'esprit qui anime la Constitution des États-Unis et qui en détermine profondément le caractère dérive surtout des préventions antidémocratiques dont nous avons discerné l'existence. Cet esprit a sa source principale ailleurs. Les membres de la Convention de Philadelphie pouvaient, lorsqu'ils rencontraient au cours de leur travail une question de nature à mettre en cause le principe de l'intervention du peuple dans le gouvernement, éprouver des appréhensions de conservateurs et n'introduire qu'à regret cette solution dans leur établissement politique ;

mais ce qu'ils accordaient ou refusaient à ce principe n'avait pas, dans l'œuvre qui les occupait, la valeur d'un objet essentiel, d'un critérium fondamental, d'une vue dominante et dirigeante. L'idée d'organiser fortement une démocratie, de la discipliner sagement, de la rendre inoffensive par des précautions combinées avec art, n'était qu'un trait secondaire et fugitif dans un plan dont toutes les lignes maîtresses étaient déterminées par des considérations d'un autre ordre. Le problème qui exerçait, qui remplissait la pensée des constituants était ce double et contradictoire propos : créer une nationalité commune, afin que les États-Unis eussent vis-à-vis des puissances étrangères la figure et la solidité d'un seul peuple bien uni, bien dans la main de son gouvernement, — et cependant maintenir à peu près intacte l'autonomie des États appelés à entrer dans cette organisation et à composer, avec des prélèvements sur leur propre souveraineté, la compétence du pouvoir central.

L'Union n'a jamais cessé d'être conçue par l'immense majorité de la Convention comme un peuple d'*États*, et aussi peu que possible comme un peuple d'*individus*. L'*individu* était, pour ainsi dire, hors de la question. Les droits de l'homme et du citoyen, fondement du régime démocratique, n'entraient pas dans la formule de l'équation que la Convention se proposait de résoudre. Les deux seules *inconnues* qu'elle cherchait à dégager étaient la part à faire aux autorités municipales des États et la part à faire à l'autorité fédérale. S'il a été question de quelque chose d'analogue aux droits de l'homme et du citoyen, c'est qu'il fallait que le pouvoir central, pour n'être pas un vain nom, eût le moyen de se faire obéir directement de tous les régnicoles dans les choses de sa compétence, sans pouvoir cependant porter atteinte aux droits généraux de souveraineté que chaque État entendait conserver sur ses habitants. Voilà comment la définition de certains droits individuels a pris place dans la Constitution. Autrement le sujet n'eût même pas été touché; il ne s'est présenté qu'indirectement. J'ai fait voir plus haut, dans le même sens, que les amendements qui consacrent les libertés de l'individu sont des garanties données aux États en la personne de leurs citoyens plutôt qu'aux citoyens eux-mêmes. Il importe de ne point perdre de vue cette direction et ces limites des préoccupations auxquelles obéissaient les constituants; sans cela, on serait exposé à admettre une explication incomplète et fausse de la Constitution qu'ils ont élaborée sous ces influences si déterminées et si particulières.

Tout ce qui concerne, par exemple, la composition du Sénat, sa formation, ses attributions, trahit la main non pas tant de conservateurs timides que d'autonomistes inquiets. Ce sont surtout les petits États qui sont les auteurs de cette organisation. Ils voyaient bien que tout ce qui serait donné à l'élection populaire le serait au nombre, et que tout ce qui serait donné au nombre tournerait au profit des grands États. Avec un parlement élu tout entier soit au suffrage universel, soit même au suffrage restreint, mais proportionnellement au nombre des habitants, les États à large territoire et à population dense étaient assurés de retrouver en crédit et en influence, dans la région des pouvoirs fédéraux, plus que l'équivalent des abandons qu'ils faisaient aux dépens de leur propre autonomie. L'espérance d'une telle compensation était refusée aux États moins peuplés : aussi ont-ils montré une ténacité extraordinaire à exiger que l'égalité de représentation entre les États grands ou petits fût maintenue dans l'une au moins des deux Chambres. Chaque État, quels que fussent sa superficie et le chiffre de sa population, eut deux délégués dans le Sénat, et cette disposition fut jugée si essentielle qu'on la mit, non pas seulement dans la Constitution, mais en dehors et au-dessus. Elle est dans cette condition unique qu'elle ne peut pas être modifiée par les voies ordinaires de la révision constitutionnelle, et qu'une mise en question de l'article qui la consacre entraînerait la dissolution du pacte fédéral.

Il va sans dire que tout l'effort des petits États a dû être de développer les attributions du corps où ils étaient représentés dans une mesure disproportionnée à leur étendue et à leur densité, et cet effort a prévalu parce qu'ils combattaient pour la vie même, avec toutes les forces de l'instinct de conservation, tandis que les grands États combattaient seulement pour la domination et l'influence. La part considérable de pouvoir et les droits multiples dévolus au Sénat américain n'ont donc pas été, en principe, un tribut payé à l'esprit de conservation et à la supériorité de culture que le suffrage à deux degrés passe pour introduire dans l'assemblée politique qui en émane ; ils ont été surtout une garantie qu'on donnait à exercer, au profit des moindres et des moyens États, à l'Assemblée où leur opinion pesait du même poids que celle des grands États. Le privilége exorbitant du Sénat est moins une précaution contre les effets de l'égalité démocratique qu'une protection pour l'égalité quasi internationale des souverainetés indépendantes qui ont formé l'Union fédérale.

Remarquons d'ailleurs que les instincts autonomistes, alors si puissants, devaient travailler dans le même sens que les instincts antidémocratiques. Des colléges où tout le monde aurait eu le droit de suffrage — même les indigents, dont la patrie mobile est le lieu où ils trouvent le plus haut salaire; même les émigrants, qui de loin n'avaient connu que le gouvernement fédéral et qui n'avaient pas eu le temps d'entrer dans la vie particulière de l'État où le sort les avait jetés — avaient bien moins de chance de résister au courant centralisateur que des colléges de propriétaires ou de censitaires attachés par leurs domaines ou par des intérêts fixes à l'État qu'ils habitaient. Voilà comment le suffrage restreint subsista si longtemps en Amérique; il ne céda à la fin qu'à des causes d'un tout autre ordre sur lesquelles je reviendrai dans un instant.

De même, si l'on préféra, pour le choix des sénateurs fédéraux, l'élection indirecte par les législatures d'État à l'élection au second degré par des électeurs désignés *ad hoc*, et surtout à l'élection directe, c'est que les tendances autonomistes, dispersées, incertaines et faibles dans les circonscriptions primaires de chaque État, se présentaient dans sa législature à l'état de force incorporée, organisée, consciente, qui ne pouvait manquer de mettre profondément son empreinte sur le couple sénatorial issu de ses suffrages.

IX

Où donc se trouve l'esprit démocratique dans cette démocratie? Ce n'est pas la Constitution fédérale, ce sont les Constitutions des États qui en portent la marque de jour en jour plus profonde, et l'observateur ne peut se dispenser de l'étudier là aussi, puisque ces Constitutions sont une partie intégrante et en quelque sorte le fondement de tout le système politique. Or — là aussi — la démocratie se présente avec des caractères qu'elle n'a pas ailleurs.

Cela tient d'abord à la différence des antécédents. Partout en Europe la démocratie a dû, pour se faire place, déposséder ou détruire une aristocratie; aux

États-Unis, la place était vide et a pu être occupée sans combat. En aucun temps, les éléments d'où peut sortir une classe héréditaire privilégiée n'ont existé en Amérique. Une aristocratie politique procède nécessairement ou d'une caste militaire, ou d'une classe de grands propriétaires terriens, ou d'une bourgeoisie enrichie par le commerce. Une caste militaire peut se produire chez un peuple entouré d'autres peuples belliqueux capables de le vaincre et de le subjuguer. Elle n'a aucune chance de naître là où une race supérieure ne rencontre de compétiteurs que quelques tribus sauvages faciles à refouler. Une classe de grands propriétaires fonciers, exerçant des droits de seigneurie, peut se former sur un territoire limité où les nouveaux venus, s'ils ne sont pas des conquérants, sont forcés de subir les conditions des premiers occupants pour avoir part à l'usage du sol et à ses fruits. En Amérique, par quel appât une noblesse terrienne aurait-elle pu engager ces nouveaux venus dans sa clientèle? Par quels liens aurait-elle pu les retenir dans un état de vassalité? Ils n'avaient que quelques milles à franchir pour lui échapper, atteindre la région des terres vacantes et devenir, comme elle, de libres propriétaires du sol. Une haute bourgeoisie industrielle et commerçante ne peut se maintenir à l'état de classe héréditaire privilégiée que dans un pays où, presque toutes les sources de richesse accessibles étant déjà exploitées et en main, la formation des fortunes est nécessairement lente, et où l'avance et la suprématie des anciennes familles sur les nouvelles se maintiennent sans effort par la simple vertu d'une gestion économe et d'une transmission régulière. C'est le contraire qui se produisait en Amérique, au milieu de cet immense fonds de richesses vierges s'offrant à l'esprit d'entreprise de chaque individu. L'acquisition y faisait, dans un temps donné, beaucoup plus de riches que la conservation ; la spéculation y devançait facilement et de bien loin l'épargne. Comment une ploutocratie, noyée par cet immense et continuel afflux d'éléments nés d'hier, eût-elle pu se conserver à l'état de classe distincte et stable?

Enfin ce patriciat, dont les sources naturelles faisaient défaut, le législateur n'avait même pas les raisons ordinaires pour le créer artificiellement. Lorsqu'une population surabondante, qui veut vivre et qui demande à jouir, se trouve resserrée dans un étroit espace où les places sont déjà prises et qu'elle menace de tout bouleverser pour se faire sa part, il faut bien la contenir par quelque moyen : on la désarme et on la déconcerte, au moins pour un temps, par l'inégalité politique. Cette tentation était épargnée au législateur américain. Ici, l'ordre et la paix entre les classes paraissaient suffisamment garantis par la facilité qu'avaient les moins bien partagés de s'écouler dans le vide de ces immenses espaces sans maître, au lieu de disputer leurs lots aux gens déjà pourvus.

La démocratie était donc, en Amérique, la forme originelle et immédiate, le type naturel et nécessaire de la société politique. A partir de l'époque très-ancienne où le noyau formé par les immigrants européens s'est vu assez considérable pour n'avoir rien à craindre des Indiens, et suffisamment outillé pour pouvoir entreprendre la colonisation des régions occidentales, les conditions définitives du développement national se sont trouvées réunies, et il est devenu certain qu'un régime démocratique absolument pur prévaudrait dans les

États de l'Union. Il y a prévalu sans combat; il s'y est fondé sans rien détruire; il y a toujours existé sans mélange[1].

Quel contraste avec notre démocratie française, dernière transformation d'une société qui durant des siècles avait vécu sous la loi d'une organisation aristocratique! La démocratie en France porte les marques de la « lutte pour la vie » qu'elle

[1] Ce qu'il y a eu d'aristocratie politique aux États-Unis, notamment cette élite virginienne qui dirigea près de quarante ans les destinées de l'Union, n'a été qu'une exception de courte durée. Cette élite a dû aux qualités héréditaires de la *gentry* anglaise, d'où elle était issue, à la vie facile et large que rendaient possible les services d'une population d'esclaves, au rang de l'État de Virginie, le plus peuplé et le plus puissant de tous jusqu'après le commencement du siècle, à la part prépondérante et glorieuse que cette patrie de Washington avait prise dans la guerre de l'indépendance, une sorte de titre moral au commandement politique. Tout cela céda très-vite après que les États du Nord, recrutés par l'émigration vulgaire, eurent pris la tête et commencé à peser de tout le poids de leur population croissante dans la balance de l'Union, en même temps que les souvenirs de la grande lutte soutenue à la fin du dix-huitième siècle perdaient de leur vivacité.

a dû soutenir : lutte laborieuse, où elle aurait succombé si elle n'avait pas été fortifiée par une foi profonde dans certaines doctrines, si elle ne s'était pas grisée du vin des abstractions métaphysiques ; lutte terrible qui a soulevé les passions, ensanglanté les actes, laissé des souvenirs inexpiables, lutte sans conclusion où, malgré l'éclat de la victoire, on n'a pas réussi à tout détruire, en sorte que maints restes disparates et discordants du régime antérieur se retrouvent, avec des effets en bien et en mal, dans l'organisation nouvelle.

Aux États-Unis, rien de pareil. La démocratie ne garde rien de formes politiques plus anciennes, puisqu'elle est la première en date. Elle est née pacifiquement dans un monde sans passé ; elle est sortie spontanément de quelques nécessités physiques et sociales très-simples qui se sont trouvées définies et fixées presque dès le premier jour. Elle n'a pas d'histoire derrière elle; elle ne s'est pas donné le luxe d'une philosophie. Elle est restée éminemment réaliste, étroitement pratique, et par cela seul elle est plus loin peut-être de la démocratie française que telle monarchie tempérée de notre Europe sur laquelle a passé le souffle héroïque et idéaliste de notre révolution de 1789.

Serrons de plus près la cause maîtresse qui a fixé le caractère de la société américaine.

Il suffit d'un coup d'œil jeté sur cette prodigieuse zone de 3,600 milles carrés (dix-huit fois l'aire de la France), où il y a moins de cinquante millions d'habitants inégalement répartis, pour comprendre que l'intérêt capital auquel tout cède est de peupler, d'exploiter ces prairies, ces forêts, ces friches illimitées. Le caractère éminent et spécifique de la société américaine est d'être, non pas tant une démocratie, qu'une grande compagnie de découverte, d'exploitation, de mise en valeur de son immense territoire. Faute d'avoir saisi ce caractère fondamental et de s'y reporter, on est arrêté à chaque pas, exposé à ne pas comprendre, à s'étonner sans fin, ou bien à tirer de causes secondes ou contingentes des explications spécieuses et fausses. Les États-Unis sont une société *économique* avant d'être une société *politique*. Voilà la formule qui donne le mot de mainte énigme, qui résout mainte contradiction apparente. Pourquoi, par exemple, cette indulgence des mœurs et des lois pour la faillite, pourquoi ces injonctions constitutionnelles aux législatures d'États d'avoir à faire des lois libérales d'exemption en faveur des débiteurs, si ce n'est parce que l'esprit d'entreprise poussé jusqu'à l'esprit d'aventure est en Amérique un agent indispensable? On craint que les hommes d'initiative ne perdent de leur entrain s'ils aperçoivent à l'horizon une peine sévère attachée à tout mécompte, s'ils prévoient qu'ils auront à traîner longtemps le poids de la déconsidération et du discrédit après un premier échec. Pourquoi encore cette curieuse institution du *homestead*, de la petite propriété de famille insaisissable, si ce n'est pour ménager au colon trahi par la fortune un abri où il puisse se retremper dans le repos et dans la sécurité, et se préparer à de nouveaux efforts [1]?

Évidemment une république où toutes les fonctions de l'État sont à l'élection, une démocratie qui ne souffre aucun avan-

[1] On va jusqu'à lui garantir non-seulement sa ferme et son cheptel, mais son mobilier et sa bibliothèque. (Baldwin.)

tage légal conféré aux classes arrivées sur les classes ascendantes, sont le régime naturellement adapté à une société de ce caractère. Elles ouvrent un large horizon de fortune et de puissance aux hommes indépendants et énergiques, premiers et nécessaires agents du progrès sur ce champ d'exploitation illimité.

La république américaine se trouvait, de plus, dans cette condition spéciale que la natalité sur son sol ne suffisait pas pour lui fournir le nombre de travailleurs dont elle avait besoin; elle était obligée de les attirer du dehors. Cette nécessité n'a pas été étrangère à la législation très-libérale [1] et très-démocratique que les États ont de

[1] Il est remarquable que l'un des griefs énoncés dans la déclaration d'indépendance est que le Roi « s'est efforcé d'empêcher le peuplement des États en entravant l'exécution des lois pour la naturalisation des étrangers, en refusant d'en faire d'autres pour encourager leur immigration, et en rendant plus difficiles les conditions exigées pour devenir propriétaire de terres nouvelles ».

tout temps prodiguée avec une certaine ostentation, notamment aux déclarations des droits qui sont placées en tête de leurs Constitutions. Pourquoi, par exemple, cette proclamation presque générale et très-décidée de la liberté religieuse, à laquelle beaucoup des colonies semblaient si peu préparées par leur origine et par leurs premières pratiques? C'est, je le veux, l'esprit du dix-huitième siècle qui s'est manifesté dans ces professions de tolérance. C'est quelque chose de plus. Soit d'instinct, soit avec une claire conscience, on s'est avisé que l'intolérance religieuse ou la simple faveur accordée ouvertement par la loi à une croyance particulière, c'était la porte close à cette émigration de toute provenance qui jetait pêle-mêle sur un même rivage de l'Union des anglicans, des luthériens, des catholiques, des presbytériens, des unitariens, des quakers, tous déterminés à conserver leur foi et leur culte. C'est pour ces mêmes émigrants qu'on répétait avec sonorité et solennité dans chaque État, qu'on entourait du prestige et des sanctions propres au droit constitutionnel les formules des vieilles libertés britanniques. Au fond, la garantie tacite de la *Common-law* était aussi pleinement efficace que ces pompeuses déclarations. A quoi bon chercher autre chose que « la liberté comme en Angleterre »? Mais les émigrants anglais seuls savaient cela par expérience; il fallait quelque chose de plus, des promesses plus éclatantes pour les races moins bien averties.

La même influence se trahit dans la manière dont la plupart des États ont adopté le suffrage universel et appliqué graduellement le système de l'élection à la plupart des fonctions publiques. Un document curieux nous révèle dans quel esprit et dans quelle attente, dès avant l'Union, un homme d'État clairvoyant envisageait l'extension du droit de vote à tous les citoyens. Voici ce qu'écrivait Penn, dans les instructions qu'il fit répandre dans toute l'Europe à la fin du dix-septième siècle :

« Les émigrants seront considérés comme de véritables habitants. Ils auront le droit du suffrage, non-seulement pour l'élection des magistrats du lieu où ils demeureront, mais pour celles des membres du conseil de la province et de l'assemblée générale, lesquels deux colléges, conjointement avec le gouvernement, forment la souveraineté. Et ce qui est bien davantage, ils pourront *être élus* pour exercer quelque charge que ce soit, si la communauté du lieu où ils résident les en juge capables, et cela de quelque nation ou religion qu'ils puissent être. »

C'est bien le ton engageant d'un prospectus. Les changements législatifs qui, de 1830 à 1850, ont introduit partout le suffrage universel procèdent en partie de l'honnête calcul qui avait inspiré à Penn les déclarations qu'on vient de lire. L'égalité devant l'urne électorale a été une véritable prime à la colonisation.

Je n'ai pas besoin de dire que ce sont les États les moins peuplés, ceux de l'Ouest, qui ont commencé. Ils avaient plus que les autres un intérêt pressant à ne pas décourager les colons par la perspective d'une situation prolongée d'infériorité politique vis-à-vis des habitants plus anciennement établis. Un État ayant pris cette initiative, tous les autres ont dû suivre, sous peine de voir le courant de l'émigration se détourner vers des régions plus hospitalières et déplacer, à leur détriment, l'équilibre des influences dans la branche inférieure du Congrès, où la représentation est proportionnelle à la population dénombrée. Il est remarquable que les États qui ont le plus résisté au courant sont principalement les plus anciens [1] : le Massachussetts, Rhode-Island, le Connecticut, la Pensylvanie, la Géorgie, pays à population déjà très-dense en 1830 et où d'immenses capitaux accumulés de longue date suffisaient pour attirer un nombre considérable d'immigrants, sans que le législateur eût besoin d'employer ces grossiers appâts.

Beaucoup de législatures se sont même montrées tellement préoccupées de ne pas

[1] La Pensylvanie, le Massachussetts, la Géorgie, le Connecticut exigent que tout électeur soit un contribuable.

Rhode-Island exclut les citoyens des États-Unis nés étrangers, à moins qu'ils n'aient des biens fonciers d'une valeur de 670 francs (134 dollars); refus, en 1871, de modifier cette clause.

Le Massachussetts exclut ceux qui ne savent ni lire ni écrire; le Connecticut admet ceux qui savent lire.

faire attendre le colon, de ne pas lui imposer un stage incommode, qu'elles n'ont même pas voulu exiger qu'il fût naturalisé citoyen des États-Unis : cela eût entraîné de trop longs délais. Elles lui ont ouvert l'accès du corps électoral alors qu'en vertu des lois de l'Union les portes de la nationalité devaient longtemps encore lui rester closes [1]. Des émigrants débarqués depuis quelques jours ont pu être enregistrés et menés du port même où ils erraient encore en quête d'un emploi, jusqu'au bureau de scrutin où ces électeurs

[1] Il y a *quatorze États* où l'étranger acquiert le droit de voter pour les membres de la législature d'État et par conséquent pour les membres du Congrès, moyennant la simple déclaration qu'il a l'intention de se faire naturaliser et bien qu'il n'ait jamais fait de demande régulière à cet effet. Il n'y a que deux États, le Massachussetts et la Californie, qui exigent, le premier, une résidence supplémentaire de deux ans ; le second, un laps de quatre-vingt-dix jours après la naturalisation, avant de conférer à l'étranger naturalisé l'éligibilité et même l'électorat. V. Justice M. STRONG, *North. Americ. Review*, may 1884.

improvisés, ces *étrangers*, ont voté non-seulement pour les représentants de la circonscription à l'Assemblée d'État, mais pour le représentant de l'État au Congrès fédéral. Je ne conçois pas de preuve plus frappante qu'il ne s'agit pas ici seulement d'égalité démocratique à établir entre les vrais citoyens.

La statistique apporte à ces vues une confirmation remarquable. C'est de 1830 à 1840 que s'annonce et commence, c'est de 1840 à 1850 que s'accomplit et se parfait l'établissement du suffrage universel dans tous les États. Or le chiffre de l'immigration, qui était de 68,000 en 1839, après être resté stationnaire à peu près pendant les huit années précédentes, s'élève graduellement à 114,000 en 1845, à 154,000 en 1846, à 235,000 et 266,000 en 1847 et 1848, à plus de 300,000 en 1849 et enfin à 428,000 en 1854, attestant par cette marche ascendante l'efficacité de l'appât et le succès de la combinaison [1].

X

Une dernière influence ne doit pas être négligée : c'est l'influence récurrente et, pour ainsi dire, le choc en retour des grands faits de la vie politique fédérale sur la vie politique des États.

On a vu que, dès l'origine et jusque dans les discussions préparatoires de la Constitution, le nœud de toutes les difficultés a été le partage à faire entre l'autonomie des États et l'autorité des pouvoirs

[1] A la vérité, cette augmentation coïncide avec l'établissement des premiers steamers transatlantiques en 1838 .

fédéraux. Des débats passionnés se sont engagés dans la Convention de Philadelphie autour de cette question capitale, essentielle, j'allais dire unique, et ces débats n'ont été que le prélude des grandes luttes que la même question n'a pas cessé de soulever après le vote de la Constitution et qui ont rempli toute l'histoire des États-Unis jusqu'à nos jours. L'union accomplie, deux grands partis se sont immédiatement formés, qui ont plusieurs fois changé de nom sans changer d'essence et qui sont devenus comme des milices politiques au service des deux principes opposés. Tous les Américains s'y sont enrôlés; tous sont devenus *républicains* ou *démocrates;* personne n'a eu la volonté ou la liberté de rester neutre. Ce sont ces deux partis qui disposent de l'élection du Président, de celle des membres du Congrès; ils y dépensent une passion extrême, ils ne négligent rien pour rallier autour d'eux les intérêts, et ils se servent pour cela de toutes les fonctions administratives fédérales : le parti victorieux les distribue comme un salaire aux politiciens qui lui ont rendu des services. Mais les politiciens sont difficiles à rassasier, et le fonds de rémunération fourni par les places qui dépendent du gouvernement central n'a pas tardé à paraître insuffisant. On a donc été entraîné à mettre la main sur les fonctions qui dépendent des États. Pour les rendre plus propres à l'usage qu'on en voulait faire, on n'a pas mieux trouvé que de les déclarer toutes électives et de raccourcir le plus possible les termes des mandats. C'était le moyen de les faire entrer plus complétement dans le jeu de la politique et de régénérer incessamment les disponibilités, de renouveler le fonds de roulement dans le budget électoral de chaque parti. Des deux côtés, dans le camp des démocrates comme dans celui des républicains, les candidatures aux offices publics tant locaux que fédéraux sont inscrites sur le même *ticket,* sous la dictée du même tout-puissant esprit de parti. L'intérêt politique fédéral les a soustraites à l'action plus calme et plus saine de l'intérêt municipal. Il y a fait prévaloir par l'élection généralisée et par la brièveté des mandats une démocratie à outrance qui se serait peut-être développée moins rapidement sous des influences purement locales. Il y a là une réaction curieuse et inattendue. La nécessité où s'est trouvé chacun des deux grands partis d'alimenter son trésor de guerre et d'entretenir le fonds destiné à la solde de ses troupes électorales les a conduits l'un et l'autre, même celui qui fait profession de protéger l'autonomie des États, à fédéraliser et à démocratiser tout ensemble le recrutement des fonctions locales.

Quoi qu'il en soit, nous voilà bien loin de ce qui s'est passé chez nous en 1848. La France est essentiellement une démocratie qui dégage peu à peu, avec la ferveur du croyant, avec la sûreté et la rigueur du raisonneur scolastique, les conséquences de son principe égalitaire. Toute son histoire depuis 1789 nous la montre appliquée à ce travail abstrait, à cette déduction magistrale, à cette poursuite obstinée de la justice pure. Voilà l'esprit qui perce à travers les déclarations des droits de la période révolutionnaire et qui se montre non moins clairement dans l'opération à la fois sentimentale et rationnelle d'où est sorti en 1848 le suffrage universel. Les politiques qui l'ont consommée d'un seul coup n'ont aucunement raisonné ni spéculé sur les effets d'un changement si prodigieux et si précipité. Ils professaient le dégoût de la bourgeoisie et de sa politique mesquine; ils éprouvaient le besoin de puiser à des sources plus fraîches, d'ouvrir un courant plus large; je ne sais quoi de fraternel, de confiant, de chrétien au sens primitif du mot, régnait dans les esprits. Enfin, le suffrage universel sortait, par une déduction logique invincible, du double principe de la souveraineté du peuple et l'égalité des citoyens. Le syllogisme commandait, on a obéi. Rien ne ressemble moins que les États-Unis à une démocratie de ce type. Dans ce royaume de l'empirisme, les principes, de si haut qu'on les fasse parler, pour si indépendants et si dégagés qu'on les donne, sont toujours, dans une large mesure, des moyens au service d'intérêts positifs et précis. Le suffrage universel américain, en particulier, n'a pas été simplement une satisfaction donnée aux besoins de l'esprit spéculatif, aux réclamations de l'équité naturelle. Il a eu en grande partie pour objet de répondre aux nécessités agricoles, industrielles, commerciales, d'un état social profondément différent du nôtre. La condition économique, si exceptionnelle, de l'Union américaine doit, comme son caractère fédéral, être toujours présente à l'observateur qui ne veut pas se méprendre sur la nature, l'évolution et les destinées de cette démocratie forcée et à outrance, aussi bien que sur le sens et la portée des leçons, des exemples et des avertissements qu'on se plaît à en tirer à l'adresse de notre pays.

LA

NATURE DE L'ACTE CONSTITUANT

EN FRANCE

EN ANGLETERRE ET AUX ÉTATS-UNIS

Les Constitutions d'Angleterre et des États-Unis qui forment le sujet des deux précédents essais n'ont pas l'air de se prêter à un rapprochement, à moins que par ce rapprochement on ne cherche à faire ressortir le contraste des deux organisations politiques. Les différences de l'une à l'autre sont en effet considérables. La première est en grande partie non écrite, l'autre repose sur un texte. La première est la loi d'une monarchie, la seconde est la loi d'une république ; la première est unitaire et impériale, la seconde est fédérale ; la première consacre la responsabilité, et la seconde l'indépendance des ministres vis-à-vis des Chambres ; enfin, et pour aller plus au fond, la première est aristocratique dans toute sa construction, la seconde paraît démocratique jusque dans ses fondements. On peut s'étonner que je réunisse deux types si opposés, et cela d'autant plus que je puis paraître leur avoir donné pour antithèse et contre-pied le droit public français, qui ressemble plus à chacun par le détail et même par l'ensemble que chacun ne ressemble à l'autre. Ces différences et ces analogies ne veulent pas être trop pressées. Elles vont d'ailleurs se fondant et s'effaçant de plus en plus, à mesure que la démocratie étend son uniformité sur les trois pays.

Je ne retiens un instant la comparaison qu'afin d'en tirer ce principe, que, pour déterminer l'espèce d'une Constitution, pour la définir et la classer *per genus et differentiam*, il y a quelque chose d'aussi essentiel que les dispositions impératives qu'elle contient, d'aussi profondément distinctif et spécifique que l'équilibre particulier et la balance qu'elle tend à établir entre les pouvoirs. Je veux parler des forces antérieures à la Constitution qui en ont poussé là les éléments, les ont rapprochés, fondus et les tiennent unis. En d'autres termes, une caractéristique sérieuse d'un droit public quelconque peut être fournie aussi bien par les circonstances, les causes et la nature de l'acte constituant que par les rapports des pouvoirs constitués. Ce point a été touché plus d'une fois au cours de cet écrit. Mais la thèse est de si grande conséquence qu'il y a sans doute quelque intérêt à la reprendre dans une sorte de conclusion et à la présenter sous une forme plus dégagée, avec plus d'unité et de suite.

En France, à l'époque où éclata la Révolution, toutes les antiques personnes morales — à l'exception de la plus haute — qui exerçaient à un degré quelconque une portion de la puissance publique, noblesse, clergé, parlements, états provinciaux, magistratures des villes et des communes, sortaient de l'ancien régime humiliées et discréditées, dépossédées ou énervées. Elles ressemblaient à des rameaux qui ne vivent plus que par l'écorce; on n'avait pas grand avantage à épargner ce bois à demi mort dont les vaisseaux rétrécis n'auraient guère pu se rouvrir à la séve. La Révolution les fit tomber par la secousse plus encore qu'elle ne les trancha par le fer. La royauté, privée de ses branches maîtresses, qu'elle avait elle-même étouffées à l'ombre de son feuillage supérieur, se présentait comme un tronc isolé et dépouillé; elle défiait le vent et appelait la cognée. Elle tomba à son tour. Tout était donc à planter ou à semer de nouveau, sur cette terre remuée en tout sens, sarclée à l'excès et devenue trop friable. Le corps entier du peuple était le seul être collectif resté debout. Il dut créer de rien, pour ainsi dire, des autorités nouvelles et organiser par voie d'invention et de commandement toute la société politique. Ces faits sont trop connus pour que j'y insiste. J'en recueille ceci seulement : qu'en France tous les pouvoirs, toutes les autorités établies datent des constitutions révolutionnaires et en procèdent; toutes y ont leur titre. Pour les autorités subordonnées, ce titre a été transféré de la Constitution elle-même dans des lois faites en vertu de pouvoirs constitutionnels. Mais la source première n'en est pas moins la même pour les unes et pour les autres; aucune d'elles ne cherche ailleurs et ne fait remonter plus haut son investiture. Il n'y a eu d'exception que pour la royauté en 1814 et un peu moins nettement en 1830. Louis XVIII se flattait de régner en vertu d'un droit immémorial. Louis-Philippe entendait ne pas être un monarque élu et devoir sa couronne à un contrat entre les Chambres et la branche cadette des Bourbons. Mais ces deux exceptions confirment en quelque façon la règle, puisqu'elles ont agi l'une et l'autre comme une antinomie interne, comme un dissolvant du système. L'élément qui ne sortait pas du même fonds que tout le reste a fini par être éliminé violemment.

On voit les conséquences. Il y a eu un jour dans l'histoire où la France n'a plus été qu'une masse unique et homogène, constituée par un nombre immense de petites monades humaines. Les nouveaux groupes partiels qu'on découpa dans cette masse ne pouvaient être d'abord que des ensembles arbitraires créés pour la commodité du gouvernement ; ce n'étaient pas des ensembles organiques constitués par l'action lente d'une longue vie commune. Tous moins que séculaires, à l'exception de la chétive commune, tous étroitement réglementés, ils n'ont pas, même aujourd'hui, cette vie propre, cette conscience quasi personnelle que de longues années, la tempérance et l'abstention du législateur plus que sa faveur et ses dons peuvent seules faire acquérir aux institutions locales. C'est uniquement la vie nationale qui les traverse, la conscience nationale qui soutient, anime et dirige leurs autorités ; cela paraît dans la loi elle-même par cet indice que le département, par exemple, n'a reçu qu'en 1838 une personnalité civile sérieuse, laquelle a toujours été refusée à nos arrondissements. Les pouvoirs supérieurs n'ont pas davantage conscience d'exister par eux-mêmes et ne sont pas devenus vraiment des « personnes ». Nés d'hier, ils tiennent encore par un lien visible et serré à la constitution qui les a institués ; ils n'ont pas eu le loisir de créer autour d'eux des habitudes d'esprit et d'imagination, et d'y trouver un fondement stable en dehors de la loi. La plus puissante des raisons de vivre et de croire en soi, pour un être collectif, celle qui procède du fait d'avoir duré longtemps, n'a pas pu entrer profondément dans leur sens intime et y développer l'instinct d'un droit propre, indépendant des textes.

Depuis 1789, on peut dire qu'il y a eu en France des individus qui ont été rois, il n'y a plus eu de royauté, si l'on entend par ce mot une corporation perpétuelle représentée à chaque moment par un seul individu qui reçoit d'elle quelque chose en plus de sa valeur, de sa responsabilité et de son crédit personnels. Il y a eu des réunions d'individus délégués sous le nom de pairs, de sénateurs ou de députés, se rapprochant dans les conditions prévues par le statut constitutionnel et trouvant dans l'enceinte qui les rassemble juste ce qu'ils y avaient apporté du dehors. Il n'y a pas eu de Chambre des pairs, de Sénat, de Chambre des députés, si l'on entend par ces mots des corporations permanentes et animées d'une force propre dont quelque chose se communique aux membres qui s'y succèdent. Créations récentes et statutaires, les pouvoirs supérieurs regardent sans cesse du côté de la loi d'où ils procèdent et du peuple d'où procède la loi. La volonté nationale fait toute leur âme, volonté de tous, mais volonté d'un jour, tendue et toute-puissante aujourd'hui, demain languissante et sans nerf; aujourd'hui active jusqu'à l'enthousiasme, demain passive jusqu'à l'abandon. C'est pourquoi tantôt ils se montrent doués de l'énergie irrésistible que leur communiquent l'élan et la foi de tout un peuple, tantôt l'indifférence générale les laisse retomber sur la faiblesse et l'égoïsme des individus qui les composent. L'esprit de corps élevé, l'égoïsme compréhensif et respectable de grands êtres collectifs partiels ou spéciaux : — appareils à niveau moyen et constant, — font défaut à notre organisation politique. Profondément nationale dans toute sa substance, elle suit dans toute leur amplitude les oscillations de l'esprit public.

En Angleterre, la Constitution — j'entends par là l'ensemble des dispositions écrites ou non écrites qui règlent l'exercice de la puissance publique à tous ses degrés — ne résulte pas d'un acte impératif du peuple souverain créant de rien, pour ainsi dire, des autorités qu'il investit d'attributions déterminées. Elle est formée d'une longue suite d'actes bilatéraux ou trilatéraux, transactions tacites, conventions débattues, pactes solennels entre des puissances déjà existantes, reconnues, respectées, qui s'étaient faites en quelque sorte toutes seules, puisqu'elles étaient nées toutes naturellement de la force des choses, et dont le titre repose sur une prescription séculaire. On peut remonter aussi loin que le quatorzième siècle dans l'histoire d'Angleterre. Trois forces sont en présence : la Couronne, les lords et les communes ; on les voit sans cesse en négociation courtoise ou en opposition violente. Elles règlent d'année en année, pour ainsi dire, leurs formes changeantes, leurs mobiles rapports, leur équilibre indéfiniment instable. Les deux instruments que l'on cite volontiers comme les sources de la constitution anglaise moderne, la déclaration des droits de 1688 et l'acte d'établissement de 1701, ne sont que des traités un peu plus solennels que les autres. Il n'y est pas question d'instituer des pouvoirs, — ceux-ci existent, — ni même de déterminer intégralement leurs attributions, — celles-ci sont déjà fixées par la coutume. Préciser sur certains points litigieux les limites assignées par cette coutume à des pouvoirs préexistants, c'est tout l'objet de ces textes célèbres. La Couronne ne leur doit pas son autorité, c'est la dynastie seulement qui leur doit son titre. La prérogative royale est toujours celle de Henri VIII et d'Élisabeth, transmise sans interruption à leurs successeurs, et la nouvelle dynastie en prénd simplement la suite sous les restrictions générales de la Common-law, partiellement réaffirmée à l'occasion des actes qui ont changé l'ordre de succession au trône.

En résumé, les grands pouvoirs politiques en Angleterre ne sont à aucun degré les créatures d'un pouvoir constituant, car leur existence est antérieure à quelque acte constituant que ce soit. Leur titre n'est pas une volonté expresse, manifestée régulièrement et distinctement à un jour donné, mais une antique possession de fait qu'aucune contestation n'a troublée depuis des siècles. Leur fondement est en dehors de toute loi d'organisation revêtue du sceau de la souveraineté nationale; il est donc en dehors de la Constitution au sens où nous prenons ce mot en France, et, s'ils y figurent, ce n'est point parce qu'elle les institue et les consacre, c'est au contraire parce qu'elle est engendrée d'eux. Elle n'est que la mise à jour successive d'un règlement de frontières entre ces forces immémoriales qui, vivant côte à côte, s'étendent, se resserrent, se heurtent, se refoulent, transigent entre elles et ne connaissent pas le repos.

Je n'ai parlé jusqu'ici que des pouvoirs supérieurs. La condition des autorités subordonnées, locales ou spéciales, n'est pas moins particulière. Les autorités subordonnées peuvent, en général, invoquer, comme en France, un titre exprès, une institution conférée à une date certaine; mais ce titre originel est si incomplet, cette institution est si ancienne qu'ils paraissent peu de chose en regard du crédit attaché au fait de la longue possession et des droits coutumiers qu'une pratique intense a greffés sur ce premier fonds statutaire. La constitution de l'unité nationale en Angleterre a été si précoce, le sentiment de cette unité s'est trouvé de bonne heure si vivace que l'État n'a pas pris ombrage de ces formations secondaires, qu'il a même trouvé son compte à respecter leur croissance indépendante, à les admettre comme complément ou supplément de sa propre organisation encore imparfaite. C'est ainsi que la conscience d'une vie distincte, d'un droit immanent, indépendants de toute investiture positive, a fini par se développer dans une infinité de petits et de grands pouvoirs locaux et spéciaux, universités, corporations ecclésiastiques, corporations urbaines, vestries paroissiales, associations pourvues de chartes. Créés un à un, chacun est demeuré plus ou moins à part des autres; aucun ne s'est contenté de prendre son rang passivement dans un ensemble ordonné et ne s'est senti étroitement dépendant d'une organisation assujettie elle-même à l'intérêt général. Et leur passé est si long, leur origine est si voisine parfois de l'époque où le corps politique lui-même s'est formé; ils se sont si bien désaccoutumés de regarder comme une délégation la fonction sociale qu'ils remplissent de temps immémorial; ils se considèrent si naturellement et naïvement comme des associés de l'État et non comme des subordonnés, que le législateur anglais a besoin de réfléchir longtemps et de philosopher plus qu'il n'en a le goût, pour découvrir qu'ils sont en effet ses créatures et qu'ils doivent se plier à l'utilité commune.

On voit combien nous sommes loin de

la France. En France, la nation se perçoit comme un seul bloc; en Angleterre, la nation se présente comme un agrégat. En France, les pouvoirs supérieurs ont tous été créés par la constitution; en Angleterre, les pouvoirs supérieurs ont fait et complètent tous les jours la Constitution, par le mouvement même de leur vie et le jeu naturel des forces qui agissent en eux. En France, les groupes partiels ou spéciaux sont tous artificiels; ils forment un ensemble hiérarchiquement ordonné, et les autorités qui les régissent fondent leurs droits sur la loi. En Angleterre, les groupes partiels ou spéciaux et les autorités qui les régissent remontent très-haut dans le passé, et chacun fonde isolément le plus clair de son droit sur sa longue possession.

On a vu par les précédentes études qu'aux États-Unis l'organisation de l'Union fédérale ne doit pas être séparée de l'organisation intérieure des différents États, et que les deux organisations n'ont de sens complet et précis que rapprochées l'une de l'autre. Il est cependant utile de les distinguer d'abord et de les considérer à part, pour savoir ce que l'ensemble doit à chacune. Les États particuliers, fondés sur une terre vierge par des individus qui, ayant rompu leurs liens avec le vieux monde, se trouvaient reportés en quelque sorte à l'origine de la société, ont dû, comme nous, créer de toutes pièces leurs autorités locales et centrales. On a vu que leurs constitutions ont, de ce chef, une analogie profonde avec les nôtres. La constitution fédérale, la seule que je veux considérer ici, présente un caractère mixte. Elle se rapproche de nos constitutions françaises par ce double caractère qu'il y a bien là un acte patent de souveraineté nationale, et que toutes les autorités fédérales reçoivent par cet acte l'existence et l'investiture. On découvre toutefois, en y regardant de plus près, que cette manifestation d'une prétendue volonté nationale n'a été dans le principe qu'une forme et une apparence. Le peuple américain paraît en effet dans le texte, mais ce n'est pas pour imposer sa volonté à ses hommes d'État, c'est pour recevoir de leur sagesse une existence qui restera longtemps encore fictive et contestée. Washington, Jefferson, Hamilton, sont les apologistes plutôt que les représentants d'une nationalité commune. Ils sont aussi et surtout les mandataires de plusieurs États souverains, un grand nombre plus que séculaires, quelques-uns glorieux, chacun incorporant des intérêts accoutumés à se sentir solidaires, chacun séparé des autres par un esprit collectif puissant et distinct. J'insiste sur ce fait capital.

C'est le peuple américain qui est ici l'élément artificiel et créé de haut pour ainsi dire. Il fait si peu la constitution fédérale, qu'il en procède. Le pouvoir constituant effectif est exercé par les États particuliers, seule force alors vivante; ce sont eux qu'on rencontre à chaque ligne du texte, essayant de reprendre en détail ce qu'ils ont accordé en gros à l'élément national, disputant, ergotant sur chaque clause et accompagnés dans tout le cours de ces minutieux débats par une immense passion populaire. La Constitution de 1787 les a laissés debout à côté des pouvoirs fédéraux qu'elle instituait; ils ont continué à vivre d'une vie propre, à s'observer entre eux, à se grouper en factions rivales et de chaque côté à prendre ombrage ou à se servir pour la domination de l'autorité supérieure qu'ils avaient créée par un acte de prudence résignée. L'histoire politique des États-Unis pendant plus d'un demi-siècle est presque en entier le récit d'une lutte pleine d'incidents entre ces grandes forces organisées antérieures et jusqu'à un certain point extérieures à la Constitution. Aujourd'hui, une longue vie commune a fortifié le sentiment d'une solidarité nationale. La guerre de sécession a relevé, enhardi, exalté les pouvoirs fédéraux. Mais jusqu'en 1860, on peut dire que la Constitution ne consacrait guère que pour l'apparence et en vue de l'étranger l'unité et la souveraineté de la nation américaine. Les États l'avaient précédée de trop loin sur la scène pour céder au prestige, et ils n'usaient trop souvent de ces organes créés par eux que comme d'un instrument à leur main.

On peut déterminer d'après ce qui précède le sens précis et la substance du mot Constitution dans les trois pays. Le type d'une Constitution française est un acte impératif de la nation, tirant du néant et organisant la hiérarchie des pouvoirs. La Constitution anglaise est essentiellement un traité entre un petit nombre d'antiques corporations, de personnes morales respectées, dépositaires immémoriales d'une portion de la puissance publique. La Constitution fédérale des États-Unis est dans la forme un acte impératif portant organisation et réglant les attributions des autorités centrales et supérieures ; de ce chef, elle se classe à côté des nôtres. Mais cet acte repose sur un traité entre plusieurs corps politiques, distincts et souverains, s'accordant pour créer et en même temps pour limiter l'État.

Des différences et des ressemblances que font ressortir ces trois définitions, les conséquences sont nombreuses. Plusieurs ont été signalées au cours de ce volume.

Je voudrais reprendre ici seulement celles qui touchent à la notion de souveraineté. Les fondements de la souveraineté, son essence, ses limites, son organisation, comme la forme et l'esprit de l'instrument qui la proclame, sont des points sur lesquels les constitutions anglo-saxonnes ont présenté jusqu'à ce jour des caractères particuliers, qui d'ailleurs les rapprochent moins l'une de l'autre qu'elles ne les opposent aux nombreux monuments de notre droit public.

En France, il n'y a pas depuis 1789 d'autre être collectif animé d'une vie puissante que la nation, conçue dans sa totalité indivisible. Au sein de la nation il n'y a de consistant que l'individu. Il a bien fallu creuser jusque-là en traversant les débris friables des anciens corps politiques et asseoir les fondements de l'État sur les droits du citoyen. Ces droits forment donc le sujet de la première et capitale question qui s'impose au législateur ; toute notre histoire politique témoigne de cette priorité et de cette prééminence. Une conception très-simple et très-nette de la souveraineté s'en dégage. La nation, par les raisons que l'on connaît, ne peut être ici autre chose que la totalité des citoyens. La souveraineté sera théoriquement la volonté de tous les citoyens, et pratiquement elle se confondra avec la volonté de la majorité numérique. Cette majorité est en effet en France depuis 1789 la source unique et nécessaire de toute autorité légitime. Les pouvoirs qu'elle a devant elle sont tous ses créatures, tous fondent leurs droits sur la constitution qui est son œuvre. Tout pouvoir suspect de ne pas la représenter ou de la représenter mal perd en quelque sorte sa raison suffisante d'exister ; ce désaccord le désigne pour être immédiatement ou renversé ou transformé. Il n'y a pas de point d'appui en dehors de la majorité, il n'y en a donc pas contre elle pour une résistance ou une dissidence qui dure. C'est pourquoi tous nos systèmes politiques ont toujours gravité automatiquement et rapidement vers l'unité et l'homogénéité des pouvoirs. Les progrès des lumières et de la raison extérieure sont notre seul recours contre cette sorte d'instinct profond, immanent à nos institutions. Il n'y a pas en effet de spontanéité interne autrement orientée que nous puissions rallier en elles pour l'opposer au courant qui les entraîne.

En Angleterre, tout le premier plan de la scène politique est occupé par des êtres collectifs anciens, nationaux ou locaux, qui ont, par leur ampleur et leur cohésion, une assiette propre au sein de la nation, entre l'individu et l'État. Presque jusqu'à notre temps la nation anglaise ne s'est pas séparée ni distinguée d'eux. L'idée de la souveraineté flottait autour des plus élevées parmi ces personnes morales; elle voyageait de l'une à l'autre sans se fixer sur aucune. Retenue par l'attraction de ces masses puissantes et stables, elle n'est pas tombée de son propre poids jusqu'à l'individu et ne s'est pas étendue indistinctement sur tout l'ensemble du corps politique. Dans la sphère constitutionnelle, le mot *people* ne signifiait pas jusqu'à ces derniers temps l'ensemble des êtres humains qui sont membres de l'État britannique; il n'était qu'un équivalent accepté pour l'ensemble des trois grandes corporations dirigeantes : royauté, lords et communes. L'individu s'efface dans sa mobilité et sa petitesse devant ces larges et solides figures. L'idée des droits politiques passe au-dessus de sa tête et s'arrête sur elles ou sur des êtres collectifs de moindre dignité, mais comme elles anciens et autonomes. La chambre des communes, par exemple, a été essentiellement à l'origine la représentation de quelques centaines de personnes morales : comtés, villes, bourgs, universités. Le premier sens du mot « communes », d'après une étymologie plausible, est : les *communautés*, les *collectivités*, et non pas le « vulgaire », comme on le pourrait facilement croire. Ce sont ces *collectivités* qui sont presque jusqu'à notre temps les seuls titulaires reconnus du pouvoir électoral. Quelques individus se trouvent chargés d'accomplir pour elles l'opération matérielle du vote ; mais ces individus, la loi ne s'est même pas inquiétée, en beaucoup de cas, de les regarder en face, de savoir quels ils sont, encore moins de déterminer quels ils doivent être. Dans tous les bourgs, c'est la coutume locale qui pourvoit à ce détail. La conception légale du citoyen considéré comme le sujet actif des droits politiques, n'a commencé à se dégager qu'en 1832. Jusque-là elle était non pas méconnue, mais inconnue du législateur. L'entrée en scène de ce nouveau personnage, d'abord presque inaperçu, est certainement par ses effets déjà accomplis et par ceux qui se préparent, le plus grand événement du siècle en Angleterre. La loi du scrutin secret, les statuts contre la vénalité des suffrages, destinés à conserver le citoyen libre et pur dans l'exercice de sa fonction sociale, attestent qu'il s'est enfin levé, qu'il a marché hors des cadres corporatifs et qu'il s'est fait voir comme une personne connue de la loi. Auparavant la corruption et l'intimidation étaient considérées comme les affaires de ménage du groupe local investi de la franchise, et l'opinion encourageait le Parlement à ne s'en pas mêler; tant il est vrai que ce groupe local, et non pas l'individu, paraissait l'élément dernier et indécomposable. Aujourd'hui encore l'opposition et la concurrence des deux conceptions se trahissent par une distinction très-marquée entre les statuts de réforme électorale qui définissent la qualification des votants et les statuts de redistribution qui répartissent avec tact, entre des groupes naturels, la puissance représentative. En 1832, en 1867 et même en 1884 il a semblé que les seconds excitaient plus d'émotion et passaient pour être de plus de conséquence que les premiers. On voit combien la notion d'un droit politique personnel avait de peine à s'éclaircir et à prendre rang. Le double bill de M. Gladstone va évidemment faire disparaître l'intérêt ou au moins l'importance de cette division. L'individu y triomphe en même temps que les groupes historiques s'y dissolvent, par l'introduction des circonscriptions individuelles découpées proportionnellement au nombre des électeurs. Selon toute apparence, l'Angleterre va dériver rapidement vers le type français.

Aux États-Unis, l'idée d'une fonction et d'un droit politique inhérents à la personne du citoyen, est depuis longtemps familière au législateur; les Constitutions des États particuliers en font foi. Ce n'est donc point pour ne l'avoir pas connue, c'est de propos délibéré que les constituants de 1787 ont tenu cette question en dehors du pacte national. J'ai marqué, dans les pages qui précèdent, le sens et l'exacte portée de la déclaration des droits que forment les premiers amendements constitutionnels. Je ne rappelle de cette analyse que deux points : le premier, c'est que ces amendements sont dirigés contre le pouvoir fédéral seul et ne lient point par eux-mêmes les États particuliers; le second, c'est qu'il y a là pour l'individu des garanties et des moyens de défense, point du tout des moyens d'action et une part de pouvoir. Les droits politiques *positifs*, la Constitution fédérale n'admet à les exercer que les antiques corporations souveraines qu'on nomme les États. Les vrais et les seuls citoyens actifs, selon le statut national, ce sont les États. Les individus n'ont pas entrée dans cette sphère supérieure. Pour ne citer qu'une preuve, et la plus frappante, je rappellerai qu'il n'y a pas d'électeurs fédéraux du fait de la Constitution fédérale. Le pouvoir central ne pénètre pas jusqu'à ces profondeurs. Il fait l'attribution d'un certain coefficient de représentation à chaque État, et chaque État décide ensuite à son gré, sous une seule restriction très-peu gênante, quelles personnes sont qualifiées pour nommer ses représentants au congrès et ses électeurs présidentiels.

Le principe que les droits politiques sont un attribut personnel du citoyen a pour suite nécessaire le principe que la volonté exprimée par la majorité des citoyens est souveraine. Or, de ce second principe, l'article capital de la constitution, celui qui concerne la composition du Sénat, est la négation décidée. Tous les États, quelque inégaux qu'ils soient par le chiffre de leur population, sont représentés uniformément par deux membres dans la haute assemblée. L'égalité en ce point est entre les États, non entre les citoyens. L'élection présidentielle elle-même, que la Constituante de 1787 avait entendu réserver à la nation et au nombre, a été reprise par les États. C'est aujourd'hui la règle commune que dans chacun des États on vote, non par circonscriptions individuelles, mais en bloc et au scrutin de liste, pour les électeurs du second degré dont le collége est chargé de nommer le président de l'Union. Le candidat qui obtient l'avantage, ne fût-ce que de quelques centaines de voix sur les centaines de milliers de votants d'un État — comme cela s'est vu à New-York — emporte donc l'État tout entier. Ainsi, à chaque élection, c'est une majorité d'États plutôt qu'une majorité d'individus qui décide de la victoire, et cela est si vrai que plusieurs présidents ont pu être élus tout en restant très en deçà de la majorité absolue des suffrages populaires, — quand il y avait plus de deux candidats, — quelques-uns même, après avoir été constitués authentiquement en minorité des mêmes suffrages, en face de leur unique concurrent évincé. On voit que nous sommes ici en présence d'une conception particulière de la souveraineté et des droits politiques. Dans la sphère de la Constitution fédérale, il n'existe pas de droits politiques actifs attachés à la personne des citoyens; il n'existe qu'un pouvoir représentatif réparti entre des êtres collectifs. C'est ici comme en Angleterre pour d'autres raisons qu'en Angleterre. Dans la même sphère, la formule de la souveraineté est mixte; la souveraineté n'appartient pas uniquement à la majorité numérique des individus, elle appartient aussi et dans une mesure largement prépondérante à la majorité numérique de trente-huit puissantes personnes morales. Ce sont elles et non les individus qui sont effectivement les membres de l'État, les parties intégrantes et comme les éléments organiques du corps politique.

J'excéderais les limites d'une simple conclusion, si je suivais jusqu'au bout l'enchaînement de la déduction commencée. Je me laisse aller cependant à indiquer quelques points encore touchant les limites et le but de la souveraineté, l'esprit, la structure et le mode d'accroissement de la constitution dans les trois pays.

On a vu qu'en France l'équation politique ne comprend que deux termes : l'individu et l'État, un infiniment petit et un infiniment grand. Il n'y a rien entre eux qui arrête le regard. Aucune organisation cohérente, solide, éprouvée, ne donne corps à des intérêts partiels ou spéciaux considérables. Les groupes locaux ou spéciaux, nés d'hier, ne sont qu'un lieu de rencontre banal pour les individus, dans certains actes de leur vie publique; ce sont des cadres inertes et non des êtres doués d'une conscience et d'une volonté propres. L'égoïsme chétif de chaque citoyen fait seul face à l'intérêt indivisible et supérieur de la nation. Une si prodigieuse inégalité de valeur entre les deux seuls éléments vivants de la société politique fait que le penseur qui, des sommets rêvés de la puissance publique, considère les molécules humaines, doit se croire le droit d'en disposer souverainement et de ne les point ménager. D'autre part, nos constitutions s'adressent à un peuple ramené à l'indéfini de l'état de nature par la chute de ses institutions historiques et doué à nouveau d'une plasticité extraordinaire par la dislocation des anciens cadres résistants où les citoyens s'étaient formés en agrégats compactes et fixes. Le même penseur doit se croire plus de force qu'il n'en faut pour remuer à sa volonté cette poussière humaine, la ramasser ou la répartir en tels ou tels points à son choix, la mouler enfin en la forme qu'il aura jugée la meilleure. Le pouvoir de tout faire se joint ici par hypothèse au droit de tout faire. Il faudra donc l'effort entier de la raison pour que les rêves mêmes ne paraissent pas des réalités faciles à saisir, et que dans le nombre infini des combinaisons dont on se suppose le maître, on ne s'attende pas à rencontrer celle qui est appelée à réaliser la justice absolue, le bonheur de tous. Un idéalisme profond, un optimisme décidé comptent donc parmi les caractères fondamentaux de nos créations constitutionnelles. Elles se distinguent par une inspiration noble, large et humaine qui s'interrompt dans les périodes fatiguées, mais qui reparaît bien vite avec ces subits rajeunissèments dont nous avons le secret; on l'a bien vu en 1848. D'autre part, ce double instinct exalte naturellement l'ambition et encourage la présomption de l'État; il ne répugne pas assez aux procédés autoritaires ou sommaires, et incline volontiers vers le socialisme.

On saisit ici l'antinomie fondamentale que recèle notre droit public. J'ai montré tout à l'heure la place considérable que l'individu y occupe. La souveraineté repose sur lui en dernière analyse; la puissance publique n'a de droit que par ce qu'il abandonne de sa liberté naturelle, supposée sans limites; il en peut réserver ce qu'il lui plaît. Aussi nos constitutions sont de toutes les plus abondantes, les plus décidées, les plus affirmatives sur le chapitre des droits du citoyen. Leur première vue des choses est dans cette direction. Là est leur bienfait et leur honneur. Quelque critique qu'on puisse faire de la déclaration des droits de 1789, il demeurera toujours que c'est par son retentissement que les principes de liberté individuelle et de justice égale pour tous, renfermés jusque-là dans des maximes de philosophes et dans des aphorismes de salon, sont devenus les articles inévitables de toute législation, et que la nécessité de l'hypocrisie, suprême hommage, a été imposée désormais à ceux qui les violent. Mais ce n'est là que le premier de deux moments. Après que l'État a été créé par les volontés de tous ces atomes humains, une seconde vue des choses se produit dans la direction inverse. Ce colosse improvisé, ou ceux qui pensent pour lui, commence à se sentir une puissance mesurée à la supériorité de sa force sur tout ce qui l'entoure, des devoirs proportionnés à cette puissance, des droits de la même étendue que ces devoirs. Il cherche instinctivement à se donner un but et une fin dignes des immenses moyens dont il dispose; l'idée d'un « souverain bien » social s'empare de lui; elle amène à sa suite la raison d'État. Les droits de l'individu, premier thème de la constitution, source reconnue de tout pouvoir légitime, pâlissent trop souvent pendant cette seconde phase et s'effacent devant cet idéal usurpateur. L'intempérance législative et réglementaire du Parlement et des pouvoirs publics, l'existence et l'activité exagérée d'une *justice administrative* où l'État figure comme juge et partie, sont les deux faits qui accusent le plus sûrement ce penchant à subordonner et à humilier l'intérêt ou les libertés privées, et à fonder le despotisme consciencieux de l'intérêt public. L'Angleterre, et, dans la sphère fédérale, les États-Unis, ont moins souffert que nous du premier de ces maux; ils ont échappé au second.

Ces deux pays ont dû en effet à l'importance et au prestige des grandes personnes morales qui ont précédé et créé leurs constitutions, de ne pas connaître jusqu'à présent cette antithèse heurtée de l'État et de l'individu, cette oscillation sans arrêt intermédiaire, qui relève et fait dominer alternativement les droits de l'un et la haute mission de l'autre. Un autre problème a retenu dans une région moyenne l'attention des constituants et les a empêchés de glisser sur la pente vers ces deux questions extrêmes, c'est celui d'une balance à établir entre des puissances préexistantes. Les définitions et les comparaisons ne veulent pas être poussées jusqu'au bout de leur sens. Toutefois, l'une de celles que j'ai indiquées plus haut est de nature à expliquer d'une manière assez frappante ce caractère capital du droit public anglo-saxon. J'ai montré que les deux constitutions qui portent ce nom, si elles ne sont pas proprement des traités, contiennent cependant des traités qui sont leur partie essentielle, et qu'elles prennent de là leur physionomie. Or le but d'un traité entre des puissances vivantes est toujours de donner des sûretés à chacune, et parfois de subir, jamais de créer un pouvoir prépondérant qui les absorbe; tout au plus se propose-t-on d'instituer — c'est le cas des États-Unis — un pouvoir arbitral à procuration limitée qui les concilie. — La perfection d'un traité n'est pas de mettre la justice idéale en articles, — la justice ne paraîtrait là que pour être bafouée ou violée par les égoïsmes en présence, — mais d'exprimer avec exactitude et de consolider l'équilibre effectif des forces entre les parties contractantes. Le maintien du *statu quo*, la recherche d'une moyenne, voilà le plus haut où un traité aspire. L'idée d'un souverain bien social lui est étrangère. Un réalisme étroit et lucide, une vue froide, satisfaite ou résignée de la vie au jour le jour, une répugnance pour les vastes plans, les grands moyens et les grands mouvements, destructeurs naturels de tout équilibre un peu complexe, forment donc un caractère commun des deux constitutions anglo-saxonnes.

En France, nos constituants n'avaient devant les yeux que des monades humaines dont les différences de genre comme de degré, vues de si haut, s'effaçaient par la distance. Ils furent donc conduits à se les représenter comme égales et semblables entre elles, c'est-à-dire à les considérer comme des abstractions que leur nature même assujettit à des principes très-généraux. Les principes tiennent, pour cette raison, une place prépondérante dans notre droit public. — En second lieu, une des circonstances de l'acte constituant particulière à la France est qu'aucune réalité profondément assise et cimentée par l'histoire n'occupe le terrain, qu'aucun mur de l'ancien édifice, encore debout et solide au milieu de l'emplacement à couvrir, ne dérange l'ordonnance et ne complique le tracé de la construction nouvelle. Nos constituants se trouvent donc dans la condition de l'architecte qui est chargé d'élever un monument au centre d'une place publique; ils disposent d'une surface libre et déblayée. Comment échapperaient-ils à la tentation d'édifier des fabriques d'une eurythmie parfaite, dont toutes les parties s'enchaînent entre elles et se raccordent à quelques centres très-peu nombreux? Comment ne demanderaient-ils pas le prestige et la durée à la simplicité du plan, à l'élégance de l'épure, à la pondération des masses, à la perfection de l'appareil? Ce sont aussi des gages de solidité, quoique ce ne soient pas les plus sûrs, — ils ne s'adressent qu'à la raison; — mais il est sage après tout de les rechercher lorsqu'on est privé des autres, de ceux qui reposent sur les habitudes. Nos constituants ont donc fait œuvre de raisonneurs, d'ingénieurs et d'artistes. La logique est l'âme de leurs créations. — Enfin tous les pouvoirs d'autrefois étant ou détruits ou suspects, on ne pouvait s'en référer à leur pratique ou renvoyer à leur jurisprudence pour ce qu'on ne réglait pas. On jugea nécessaire de tout dire à nouveau et de tout déterminer conformément aux principes. De là vient que nos premiers textes visent à l'encyclopédie aussi bien qu'au système, et notre droit public de tous les temps est resté à leur exemple passionnément explicite et religieusement littéral. C'est une maxime qui est demeurée vraie sous tous nos régimes successifs, que tous les droits sont écrits, qu'aucun droit ne peut naître sans un texte qui le consacre ou s'éteindre que par une abrogation expresse. Il n'y

15.

a pas de pays où le sens d'un droit coutumier se soit plus émoussé qu'en France, où la vertu de la réticence soit moins comprise. Il n'y en a pas où l'esprit répugne davantage à la conception d'un droit prétorien, qui conserve la forme et dénature le fond.

L'Angleterre et les États-Unis ont dû à la nature de leurs actes constituants d'échapper à l'empire absolu de la logique. On a vu que si ces actes ne sont pas proprement des traités, ils contiennent des traités entre des puissances établies. Or un traité ne sacrifie pas à la prétention de tout ramener à quelques vérités simples et d'en poursuivre jusqu'au bout les conséquences. Il ne peut pas se dispenser de refléter plus ou moins dans son texte ce qu'il y a de contingence, d'incohérence, de diversité et de complexité dans la situation d'où il procède; tout au plus se flattet-il d'y introduire quelque ordre et quelque tempérament. La juridiction de l'esprit systématique ne s'étend pas sur ce domaine mouvant de la force et de la volonté. Le fait est constant et connu pour l'Angleterre, on en a vu plus haut quelques preuves; il l'est moins pour la Constitution des États-Unis. Le texte fédéral vise en apparence à être une composition ordonnée; il pose des principes, mais il suffit de regarder d'un peu près pour voir qu'aucun principe n'y est suivi jusqu'au bout, et que des intérêts concrets et variés règlent tout par des compromis. Je citerai par exemple le principe de la liberté de l'homme, affirmé catégoriquement en tête de la Déclaration d'indépendance et contredit sous une forme hypocrite par la section IX de l'article Ier. Je citerai de même le principe du respect dû aux contrats et celui de l'arbitrage fédéral entre les États, affirmé catégoriquement par le texte de la Constitution et ouvertement contredit par ce 11e amendement dont la Cour suprême vient tout récemment de faire une application si extraordinaire[1].

A chaque page, des clauses qui se contrarient conservent la trace d'une lutte constante et d'une victoire alternée entre les États du Sud et les États du Nord, entre les États industriels et les États agricoles, entre les États libres et les États à esclaves aussi bien qu'entre tous les États et le pouvoir national encore à naître. L'enchaînement logique et l'ordonnance systématique se rompent et périssent incessamment dans ces jeux d'influence.

D'autre part, un traité vise seulement les points déjà litigieux ou apparemment

[1] On sait que des États ayant répudié leur dette ou réduit l'intérêt assuré par la loi à leurs créanciers, la Cour suprême s'est déclarée incompétente et a refusé de faire droit aux demandeurs.

sujets à le devenir. Tout le reste, ou n'est pas réglé, ou l'est seulement par des documents annexes et secondaires. A côté de ce texte spécial et limité, la coutume, la législation réglementaire, les législations locales conservent soit en Angleterre, soit aux États-Unis, un large domaine; elles pourvoient discrètement et sans bruit aux changements et aux adaptations que le cours du temps rend nécessaires, et naturellement l'enjeu est chaque fois beaucoup moindre que si l'on était obligé de toucher solennellement au texte principal. La Constitution est donc à la fois plus dégagée, plus souple et plus stable. Aucun homme instruit n'ignore que le droit coutumier tient une place et remplit un rôle considérable dans la Constitution anglaise; on sait moins couramment que le même droit a fourni plus d'un développement énergique et original aux États-Unis, dans l'enceinte de la Constitution fédérale. J'ai essayé de mettre ce fait en lumière dans les pages qui précèdent, à propos des attributions du Sénat. Il n'est pas moins manifeste dans le système d'élections échelonnées qui s'est peu à peu juxtaposé, dans l'élection présidentielle, aux opérations prévues par le texte.

Ai-je besoin de montrer la gravité et la portée du contraste? D'une part les changements lents, les transitions ménagées qui suivent et reflètent le mouvement naturel des choses; d'autre part les transformations voilées qui ne s'avouent elles-mêmes et ne se heurtent à des formules consacrées qu'après avoir gagné en secret les instincts et s'être assuré l'alliance d'une longue habitude, sont beaucoup plus faciles en Angleterre et même aux États-Unis qu'en France. On en peut dire autant des modifications partielles et en apparence arbitraires, œuvres de tact où l'esprit est constamment accompagné et averti par le sentiment du possible et de l'opportun. En France, la perfection logique du texte fait qu'une modification quelconque étant une fois admise, l'ensemble est ouvert et livré à toute la série des conséquences du principe qu'elle implique. C'est comme une ville qui n'est défendue que par une seule enceinte et qui n'a pas de réduits intérieurs. Après que l'enceinte a été forcée sur un point, l'assaillant se répand dans toute la place. Les deux constitutions anglo-saxonnes sont munies de ces réduits intérieurs; elles ont dû à leur nature même de ne pas connaître ces transformations précipitées qui devancent parfois les besoins et les idées, ces manifestations bruyamment triomphantes qui exposent le progrès à la rescousse des préjugés trop vivement froissés, ces révisions inutiles et dangereuses de tout le système pour un seul point fautif. Elles sont inférieures aux nôtres pour la conception d'ensemble; le plan en est moins satisfaisant pour l'esprit; l'inspiration en est moins élevée. Mais elles ont, par compensation, une élasticité, une faculté d'adaptation qui leur ont assuré jusqu'à ce jour une durée de fait supérieure à celle de nos constructions régulières, de nos « maisons éternelles ».

J'ai dit « jusqu'à ce jour ». La transformation qui s'est faite en France au dernier siècle ne nous est point particulière; elle procède de causes générales. Elle s'est accomplie d'un seul coup dans notre pays; elle s'accomplit ailleurs par stades ou par une évolution insensible. Dans toutes les sociétés, l'accroissement de la richesse mobilière, masse illimitée et accessible à tous, nivelle les supériorités fondées sur la prépondérance de la richesse foncière, masse limitée et objet naturel de monopole. Dans toutes les sociétés, le développement de la science, domaine ouvert à tous les individus bien doués, nivelle les supériorités fondées sur la prépondérance de l'expérience et de la tradition, patrimoine de certaines corporations et de certaines familles. Dans toutes les sociétés, les régions distantes se rapprochent pour ainsi dire, grâce au perfectionnement des communications, s'entremêlent par l'activité des échanges, et tendent à perdre le sentiment d'une vie propre et d'une destinée séparée. Dans toutes les sociétés, les différences s'atténuent de plus en plus entre les localités, les personnes, les idées et les intérêts. Tout ce qui sert de cadre et de soutien à des groupes partiels ou spéciaux, intermédiaires entre l'État et l'individu, se trouve donc atteint, miné ou détruit, et il est certain que tous les peuples, un peu plus tôt ou un peu plus tard, traverseront les conditions d'où est sorti en 1789 notre système politique. C'est par l'action lente de ces causes que l'on voit, en Angleterre comme en Amérique, l'égalité démocratique et l'homogénéité nationale s'accroître d'un mouvement connexe et préparer le jour lointain, mais inévitable, où ces deux pays auront une constitution politique simple, fondée sur la loi, c'est-à-dire sur la volonté expresse de la majorité numérique, où la loi prétendra ne plus se fonder que sur la raison, où cette raison, demeurée maîtresse du terrain, par la retraite graduelle de la tradition et de la coutume, s'exprimera et se satisfera par des conceptions systématiques, et où elle ne pourra plus trouver qu'en elle-même, dans une vue plus complète et plus nuancée de son objet, les tempéraments que la politique emprunte encore aux éléments irrationnels fournis par le passé.

Un observateur pénétrant a dit que les États-Unis en étaient à leur période féodale, et qu'ils pourraient bien passer à leur tour par les phases successives de la centralisation. J'ai indiqué les circonstances qui ont retardé et qui contrarieront longtemps encore cette évolution. L'Angleterre politique tend visiblement à cesser d'être un simple gouvernement d'opinion publique où les aspirations diffuses de la nation forment comme une atmosphère où baignent et se meuvent des pouvoirs autonomes, parfois aussi un vent puissant qui les pousse et les entraîne. Elle devient un gouvernement démocratique où la volonté populaire se condense et se matérialise en un organe légal, en un ressort qui presse et fait détente sur un point déterminé de la machine. En somme, les différences signalées plus haut entre les trois pays ne sont donc pas intégralement irréductibles, elles procèdent en partie d'un retard que deux d'entre eux ont éprouvé dans un mouvement auquel ils cèdent tous et où la France les a devancés. Cette réserve était nécessaire pour marquer l'exacte portée des observations qui précèdent; je clos par là cette trop longue étude.

FIN.

TABLE DES MATIÈRES

PARIS. TYPOGRAPHIE DE E. PLON, NOURRIT ET Cie, RUE GARANCIÈRE, 8.

EN VENTE A LA MÊME LIBRAIRIE

PARIS. TYPOGRAPHIE DE E. PLON, NOURRIT ET Cie, RUE GARANCIÈRE, 8.

www.ingramcontent.com/pod-product-compliance
Ingram Content Group UK Ltd.
Pitfield, Milton Keynes, MK11 3LW, UK
UKHW020312230726
13925UKWH00002B/372

9 782013 441506